AF276920

La colección **CRÍTICA & ALTERNATIVA**
© Joseph Daher

De esta edición:
 © **Editorial Sylone** en coedición con *viento* **sur**
Mayo 2024
www.sylone.net
Comte Borrell, 98 2º 1ª
08015 Barcelona

Traducción y edición: **Andreu Coll**
Diseño: **Jorge López García**
Diseño portada: **Gerard Garcia Ametller**
Maquetación: **Sònia Llena Hurtado**
Dep. Legal: B 8437-2024
ISBN: 978-84-128318-2-5

Impresión: **Artes Gráficas COFÁS**

LA CUESTIÓN PALESTINA Y EL MARXISMO

JOSEPH DAHER

𝒴 Sylone   **viento**sur

Índice

Introducción 9

I. Antisemitismo, sionismo y *Nakba* 13

II. La naturaleza del estado israelí y su papel
al servicio del imperialismo 45

III. Oriente medio, evolución política
e ideologías dominantes 57

IV. El movimiento nacional palestino, la OLP, Hamás
y la estrategia de los partidos políticos palestinos 99

V. ¿A qué da nombre Hamás? Historia y desarrollo ...127

VI. Palestina y las revoluciones en Oriente Medio
y el Norte de África 151

VII. ¿Qué solución? 155

VIII. Anexo I: El nacimiento del Islam 161

IX. Anexo II: Los acuerdos de Oslo
y sus consecuencias 167

X. Anexo III: Proyecto de tesis sobre la cuestión
judía tras la Segunda Guerra Imperialista, por
Ernest Mandel, 1 de enero dc 1947 169

XI. Bibliografía 195

INTRODUCCIÓN

En octubre de 2023 el ejército de ocupación israelí comenzó una guerra genocida contra los palestinos en la Franja de Gaza. Los 2,4 millones de habitantes de la Franja de Gaza viven bajo una constante violencia sin precedentes. A mediados de enero de 2024, según las estimaciones más bajas, más de 24.000 palestinos habrán muerto por los ataques israelíes. La gran mayoría de las víctimas son mujeres y niños. Por no hablar de los otros 10.000 desaparecidos bajo los escombros y dados por muertos. Más de 1,9 millones de palestinos están desplazados en la Franja de Gaza, lo que representa más del 85% de la población total del territorio. En muchos aspectos, se trata de una nueva *Nakba* (Catástrofe), tras la *Nakba* de 1948, cuando más de 700.000 palestinos fueron expulsados a la fuerza de sus hogares y se convirtieron en refugiados. Este proceso de limpieza étnica, que nunca ha cesado, continúa hoy en día.

Esto se produce tras un mortífero ataque armado de Hamás en los territorios de la Palestina histórica de 1948, dentro del actual Estado de Israel, que causó la muerte de más de 1.139 personas, 695 civiles israelíes, 373 miembros de las fuerzas de seguridad y 71 extranjeros[1].

La Franja de Gaza ocupada es una prisión al aire libre que sufre un bloqueo mortal desde hace más de 15 años. Su población ha sufrido una sucesión de terribles guerras por parte del ejército israelí de ocupación desde 2008, con el resultado de varios miles de muertos palestinos y causando destrucciones masivas.

Estos nuevos actos de violencia y represión exigen la solidaridad de la izquierda internacionalista con la resistencia palestina. Pero también debemos implicarnos en los debates estratégicos y definir nuestro propio papel en el proceso de liberación. Los y las socialistas[2] debemos ver la lucha palestina como inextricablemente ligada a los procesos revolucionarios en Medio Oriente y el Norte de África (MONA)[3] contra todos los Estados de la región, especialmente Israel. Esta combinación de resistencia en Palestina y revolución regional es la

---

1 También hay que señalar que el 7 de octubre de 2023 muchos civiles israelíes fueron asesinados por las fuerzas de ocupación israelíes, en particular disparando proyectiles de tanque sobre casas donde había israelíes retenidos.
2 Este término es confuso después de los compromisos y traiciones sistemáticas de los partidos que se proclaman socialistas. Aquí el término se utiliza en su sentido original: la organización social y económica basada en la igualdad y la justicia. Este es el sentido en el que se utiliza a lo largo de este texto, y por lo tanto es contrario a prácticas socialdemócratas o estalinistas. [N. del E. significa nota del editor en su caso, todas las demás notas son del autor].
3 MONA, acrónimo que utilizaremos a lo largo de este texto. [N. del E.]

única vía realista para liberar a Palestina y a todos los pueblos de la región.

En este marco, analizamos la dinámica de la cuestión palestina a nivel histórico y examinamos las perspectivas de emancipación y liberación.

Este cuaderno pretende ofrecer una introducción a la cuestión palestina y no puede pretender abarcar todos los aspectos del tema, especialmente los históricos. Cada capítulo podría ser objeto de un libro por derecho propio. Pero lo que más nos importa es que la lectura de este texto ayude a reforzar aún más la solidaridad con la lucha por la liberación y la emancipación del pueblo palestino.

I. ANTISEMITISMO, SIONISMO Y *NAKBA*

Para comprender los orígenes de la creación del Estado de Israel, es necesario examinar la historia europea de las campañas antisemitas, el auge de los nacionalismos y la expansión del colonialismo europeo.

En este contexto, el sionismo político, tal como lo teorizó Theodor Herzl[1], si bien estuvo motivado por el sufrimiento de las comunidades judías, especialmente en Europa del Este, y por el resurgimiento del antisemitismo en el Oeste del Viejo Continente, formaba parte de una lógica colonialista popia del contexto europeo de la época. Por tanto, es importante recordar que el conflicto no era entre judíos y árabes, que se remontaría al nacimiento de la religión islámica y a las tensiones entre ambas religiones, sino que se inscribe en las diná-

---

1 Periodista austrohúngaro, 1860-1904, fundador del movimiento sionista en el Congreso de 1897, fundador también del fondo para la compra de tierras en Palestina, entonces bajo dominio otomano. [N. del E.]

micas políticas locales, regionales e internacionales y en una historia colonial.

Orígenes y desarrollo de las
poblaciones judías europeas

En el siglo XIX, la mayoría de los judíos del mundo vivían en el Imperio ruso y eran víctimas de decretos antisemitas y pogromos periódicos. En 1881, un nuevo decreto imperial prohibió a las poblaciones judías adquirir nuevas tierras o incluso trabajarlas, por lo que se concentraron en las ciudades de la Zona de Residencia (la única región del Oeste del Imperio ruso donde se les permitió asentarse hasta 1917). Esta zona sólo fue abolida por la Revolución de Octubre, que derogó toda segregación y declaró a la población judía una nacionalidad por derecho propio.

La Zona de Residencia incluía las regiones que hoy son Lituania, Polonia, Ucrania y parte de Rusia. En 1897, la población judía del Imperio ruso se estimaba en unos 5 millones (o el 4% de la población del Imperio). Algo más del 30% de ellos trabajaban en la industria, frente al 14,6% de la población no judía de la zona. Sin embargo, la mayoría de estos trabajadores se afanaban en pequeñas empresas, ocupando un lugar marginal en el capitalismo ruso, cuyo desarrollo económico destruía las bases de la sociedad judía de la época. Las posibilidades de recolocación en la gran industria eran escasas, sobre todo porque el campesinado constituía un enorme ejército de reserva de mano de obra.

Bajo el reinado del zar Alejandro II, muchas de estas leyes se relajaron considerablemente, en particular las que restringían el acceso de los estudiantes judíos a las universidades. Pero cuando el zar fue asesinado el 1 de marzo de 1881, su sucesor, Alejandro III, revocó muchos de sus decretos y lanzó campañas antisemitas, incitando a los pobres e indigentes a masacrar a la población judía: los pogromos entre 1881 y 1883.

He aquí un extracto del ensayo de León Trotsky, *1905. Balance y perspectivas*[2]:

La turba se precipita por la ciudad en una locura de embriaguez y sangre... el desarrapado es dueño de la situación. Hace un momento todavía un esclavo tembloroso, perseguido por la policía, muerto de hambre, ahora siente que ninguna barrera puede interponerse en el camino de su despotismo. Todo se le está permitido, dispone tanto del honor como de los bienes de los ciudadanos, de su derecho a la vida y a la muerte. Si le apetece, arrojará a la calle a una anciana por la ventana de un tercer piso, demolerá un piano, aplastará la cabeza de un bebé con una silla, violará a una niña ante los ojos de la multitud, hundirá clavos en un cuerpo vivo... masacrará a familias enteras; rociará una casa con gasolina para convertirla en un gran incendio y rematará a palos a todos los se arrojen a la calle. Se atreve a todo... Ensangrentadas, quemadas, enloquecidas, las víctimas corren de aquí para allá en un pánico de pesadilla, buscando una sombra de salvación... Se les responde con risas de borracho: " Queríais libertad, ¡probad ahora su dulzura!" Con estas palabras se resume la moraleja, la política infernal de los pogromos... Borracho de sangre, el desarrapado sigue su curso. Lo puede todo, se atreve

2 Véase: https://www.marxists.org/espanol/trotsky/ryp/index.htm

a todo, es el amo. El "Zar Blanco" se lo había permitido todo, larga vida al "Zar Blanco".

Las fuentes indican 215 pogromos sólo en 1881, la mayoría de ellos tuvieron lugar en Ucrania. Entre 700.000 y 800.000 judíos fueron empujados a las ciudades de la Zona de Residencia. Las poblaciones judías fueron a menudo culpabilizadas por el sufrimiento social y económico de las masas por las clases dominantes de Europa del Este. Los pogromos se habían convertido en el mecanismo estándar utilizado por los terratenientes y zares de Rusia como forma violenta de control social, para desviar la hostilidad de las masas populares. Para hacer frente a dichos pogromos se formaron posteriormente grupos de combate de autodefensa.

En la misma época, el oficial francés Alfred Dreyfus fue acusado de compartir información militar con el Estado alemán. Este asunto, que se convirtió en un grito de guerra para la persecución antisemita en Francia, asestó un duro golpe a las clases medias judías de Europa occidental y central, que se consideraban perfectamente asimiladas y europeas. Este periodo de recrudecimiento del antisemitismo, tanto contra los judíos de Europa del Este, rápidamente proletarizados, y los más asimilados y de clase media de Europa Central y Occidental, estuvo marcado por transformaciones profundas en la vida de los judíos europeos.

Por un lado, a finales del siglo XIX comenzó un éxodo masivo de judíos, que continuó durante el siglo XX. El lugar preferido de emigración para judíos, así como para millones de otras personas que huían de la persecución en Europa, eran tradicionalmente Estados Unidos y el Reino Unido. A finales de la década de

1920, más de tres millones de judíos habían abandonado Europa del Este y Rusia hacia los Estados Unidos, en un período de 40 años, y casi medio millón habían huido a Europa Occidental.

En comparación, el número de judíos que emigraron a Palestina fue de sólo 120.000 en 1930. La primera oleada de colonos judíos, la primera *aliya*[3] en 1881-1903, fue organizada por un pequeño grupo de inspiración religiosa llamado *Hibbat Tziyon* (Amor a Sión), que había surgido tras los pogromos de 1881. Pequeños grupos de sus seguidores se establecieron en Palestina para recrear un centro espiritual en lo que ellos consideraban la tierra originaria de los judíos y, una vez allí, revivir el "espíritu eterno de la tierra". La mayoría de miembros del *Hibbat* eran judíos europeos de clase media que habían emigrado en muy pequeño número a Palestina, donde compraron tierras y empleaban a trabajadores árabes con salarios bajos. Dependían de donaciones filantrópicas de capitalistas extranjeros.

No será hasta el ascenso del fascismo en Europa y el cierre de las fronteras americanas y británicas que la inmigración judía llegó en mayor escala a Palestina. Las cifras hablan por sí mismas:

- en 1927, 3.000 judíos emigraron a Palestina;
- en 1930, 3.265;
- en 1933, el año en que Hitler llegó al poder en Alemania, el número de inmigrantes judíos se

---

3 *Aliya*: término hebreo que designa el ascenso, la elevación y la inmigración a Israel. [N. del E.]

había multiplicado casi por diez, hasta alcanzar los 30.227;

- En 1935, el número había aumentado a 61.358.

Tras la Segunda Guerra Mundial, Palestina siguió siendo la única opción para muchos: a finales de 1949, cerca de 350.000 supervivientes del Holocausto vivían en Israel, casi un tercio de la población. Estos nuevos emigrantes se integraron en las estructuras e instituciones coloniales.

Diferentes respuestas políticas de las poblaciones judías en Europa

La mayoría de las comunidades judías, ya bien establecidas en Europa Occidental, observaron con creciente preocupación cómo se sucedían las oleadas de antisemitismo, a menudo tras la llegada a Occidente de un gran número de judíos de Europa del Este.

La burguesía judía esperaba una reforma liberal del Imperio zarista. El movimiento obrero judío —y en particular el Bund, el principal nuevo movimiento político que se desarrollaba sobre todo en Europa del Este— luchaba por un socialismo que aboliera las causas estructurales del racismo antijudío. Siguió siendo la mayor organización judía hasta la Segunda Guerra Mundial. Un gran número de judíos de Europa Occidental —sobre todo nuevos inmigrantes— también se unieron a los movimientos socialistas y a otras organizaciones progresistas como la mejor forma de combatir el racismo, esa forma de división de la clase obrera. Consideraban el antisemitismo un cruel mecanismo de control social que protege el *status quo* a favor de las clases dominantes y divide a la oposición.

Al mismo tiempo, otros, principalmente judíos asimilados de clase media de Europa Occidental, veían el antisemitismo como una característica permanente de las sociedades europeas que nunca podría ser cuestionado, y teorizaron que los judíos necesitaban su propio Estado-nación: el sionismo. El sionismo es un nacionalismo que postula la existencia de un pueblo judío basado en criterios raciales y en la imposibilidad de asimilación con otros europeos. Es un proyecto colonial que propugna el asentamiento de una población europea en una tierra habitada mayoritariamente por árabes, en este caso Palestina. Su principal inspirador, Theodor Herzl, se sitúa en el marco del colonialismo y escribe que el Estado judío sería "la vanguardia de la civilización contra la barbarie"[4].

En su mayor parte, los judíos se opusieron al sionismo o se mostraron indiferentes ante él hasta que Hitler y los nazis llegaron al poder en Alemania. La organización socialista Bund describió el sionismo a principios del siglo XX como "una reacción de la clase burguesa judía contra el antisemitismo y la privación de derechos civiles" y añadió a propósito del proyecto sionista en Palestina, que los habitantes que serían expropiados por él "no dejarán sin duda que esto ocurra con los brazos cruzados".

Numerosos testimonios de trabajadores que hablaban yiddish y se consideraban judíos, expresaron

---

4 Theodor Herzl, *Der Judenstaat*, El Estado judío, reeditado por Herne en 2007.

su oposición al proyecto sionista y a la emigración a Palestina:

> Aceptar el éxodo, aceptar evacuar los países... donde sus antepasados habían vivido durante siglos, era una abdicación de sus derechos... les parecía, además, que el antisemitismo estaba triunfando en el sionismo, que reconocía la legitimidad y validez del viejo eslogan: "¡Judíos tomad la puerta!"

Los sionistas aceptaron tomar la puerta.

En aquella época, la gran mayoría de las masas judías seguían siendo hostiles al nacionalismo judío —al menos en su forma sionista—, ya fuera por tradicionalismo religioso o por convicción ideológica.

El terrible Holocausto perpetrado por los nazis aportó al sionismo una nueva legitimidad, y las grandes potencias vieron con buenos ojos la creación de un Estado aliado en el corazón de una región de gran trascendencia geoestratégica, en la que se desarrollaban importantes movimientos anticoloniales. Por otra parte, las compactas masas judías de Europa del Este fueron exterminadas por el nazismo. En cuanto a los supervivientes, traumatizados por el genocidio y por el antisemitismo latente de una URSS que les privaba de toda esperanza en una solución socialista, vieron su única salvación en apoyar el proyecto de Estado judío, un posible refugio en caso de una vuelta de las persecuciones. Resumiendo: el sionismo como seguro de vida.

El régimen soviético estalinista se apoyó en la estructura social de la URSS para desviar hacia los judíos el descontento popular, particularmente entre el campesinado. Altamente urbanizada y educada, la población judía entró en las administraciones, succionada por el vacío dejado por la deserción de los funcionarios del antiguo régimen. En calidad de tales, serán señalados a ojos de los sectores más atrasados de la población soviética como responsables de las desgracias de Rusia.

Sin embargo, el sionismo no se convirtió en un movimiento mayoritario en las comunidades judías del mundo hasta 1967, tras la Guerra de los Seis Días. En ella se produjo la ocupación por Israel del resto de la Palestina histórica, con la invasión de Cisjordania, la Franja de Gaza, Jerusalén Este y los Altos del Golán, que siguen ocupados hasta hoy en día, y del desierto egipcio del Sinaí, que fue devuelto a Egipto en 1981, tras los acuerdos de paz de Camp David de 1979.

Sionismo
Para comprender la génesis ideológica del sionismo, es necesario situarlo en su contexto político. La segunda mitad del siglo XIX fue un período de exaltación del nacionalismo chovinista y de glorificación de las expediciones coloniales.

Así pues, la ideología sionista hunde sus raíces en la segunda mitad del siglo XIX y cristalizó en un movimiento político a partir de dicho periodo. Los ideólogos y dirigentes sionistas llegaron a la conclusión de que el auge del antisemitismo en Europa revelaba la imposibilidad de coexistencia entre los judíos y las naciones europeas. La solución propuesta era la formación de un Estado judío como refugio contra la persecución. El sionismo fue, paradójicamente, la expresión del derrotismo frente al antisemitismo: la partida reemplazó a la lucha organizada. Inicialmente, en 1895, Theodor Herzl, un dramaturgo judío liberal, publicó *El Estado judío*, que se convirtió en el fundamento teórico del sionismo. En él, explicaba que los judíos llevaban consigo el antisemitismo dondequiera que fueran; sólo la creación de un Estado judío podría cambiar tal situación. Escribe:

> Naturalmente vamos donde no nos persiguen, y también allí la persecución es consecuencia de nuestra apariencia... Ahora los pobres judíos están trayendo el antisemitismo a Inglaterra, después de haberlo llevado a América.

Este libro está claramente escrito para un público acomodado. Herzl describe el Estado sionista como un proyecto que sería rentable para los inversores privados y que no invadiría la propiedad privada. Es importante señalar que también escribió que "los antisemitas honrados tendrán que ser asimilados al proyecto", o, en su diario: "Los antisemitas se convertirán en nuestros amigos más leales, las naciones antisemitas se convertirán en nuestros aliados".

Estas posiciones se derivan tanto de su concepción del antisemitismo como una realidad perpetua de las sociedades no judías, que sólo puede superarse si el pueblo judío se convierte en un pueblo con nación propia. De ahí su concepción de la necesidad de que el sionismo se desarrolle con las potencias coloniales occidentales para hacer realidad dicho proyecto. Estos tres puntos —a saber, la imposibilidad para los judíos de vivir fuera de un Estado judío, la necesidad de apoyo financiero y la importancia de las alianzas con el imperialismo europeo— seguirán siendo cuestiones clave para el movimiento sionista a lo largo de su historia.

El Primer Congreso Sionista se reunió en Basilea, Suiza, del 29 al 31 de agosto de 1897. Marcó un punto de inflexión decisivo en la historia del movimiento sionista. El Congreso hizo un llamamiento para "fomentar sistemáticamente la colonización de Palestina" y a tomar "medidas [...] para obtener de los gobiernos el consentimiento necesario para alcanzar el objetivo del sionismo". Estas dos recomendaciones prefiguran dos contradicciones que siguen estructurando el conflicto entre Israel, por un lado, y el pueblo palestino en primer lugar, seguido por los pueblos de la región, por otro.

La primera contradicción opone el deseo de crear un Estado judío en Palestina contra la existencia de un pueblo indígena en esta tierra, en la que sólo el 5% de la población era judía en 1900. La segunda es la contradicción entre la retórica emancipatoria del sionismo y su comunión de intereses con las potencias imperialistas occidentales.

El congreso permitió unificar el naciente movimiento y dió a Herzl la credibilidad que necesitaba para empezar a hacer peticiones a las grandes potencias de la época para obtener apoyo político y económico para la colonización sionista. Desde el Congreso de Basilea hasta su muerte en 1904 "asedió las cancillerías de Europa, buscando el apoyo de una potencia europea al sionismo si, como parecía probable, el sultán otomano se mostraba reacio a conceder Palestina".

El Congreso acordó también que se eligiera Palestina como lugar para el asentamiento, en lugar de los proyectos propuestos en África o Sudamérica. Sin embargo, la ubicación del Estado judío seguía siendo una incógnita. Todavía en 1903, los británicos proponían la fértil meseta de Kenia, entonces objetivo de su proyecto colonial. El Congreso y la creación de la Organización Sionista (OS) tuvieron poca influencia en el proceso de colonización sobre el terreno de la época. La OS cambió de nombre en los años 60 para convertirse en la Organización Sionista Mundial, pero creó algunas de las estructuras que siguen siendo importantes hoy en día. En particular, acordó la creación del Fondo Nacional Judío (FNJ) para financiar la compra de tierras para la colonización en Palestina (la organización descendiente del FNJ sigue existiendo hoy en día y posee más del 90% de las tierras de Israel). Habría que esperar hasta cuatro años después de la conferencia para que el FNJ se concretara, pero sentó las bases de la propiedad sionista de la tierra en Palestina. La toma de conciencia por Herzl y la OS de la importancia de obtener el apoyo de las potencias europeas nació del reconocimiento de un problema material para el naciente movimiento: la ausencia de una metrópoli colonial. El pensamiento de Herzl estaba profundamente arraigado en la Europa contemporánea, la idea de la colonización no era en modo alguno vivida por él mismo o por su organización como algo vergonzoso. La ausencia de una madre patria colonial, que pudiese proporcionar ayuda militar y económica significaba que tenían que encontrar un país dispuesto a desempeñar dicho papel. Desde este punto de vista, es totalmente erróneo buscar las raíces del sionismo en la religión judía o en la experiencia judía: el sionismo tiene sus raíces en la historia política y la filosofía europea moderna. La religión sólo ha proporcionado algunas justificaciones y un relato a una ideología nacionalista moderna y un movimiento colonial.

León Trotsky escribió que tras la Segunda Guerra Mundial y la tragedia que estaba a punto de sobrevenir a los judíos[5], habría que tener en cuenta que la "nación judía" continuaría, precisando dos puntos:

> Ninguna nación puede reclamar el derecho a una tierra desde las profundidades de la historia; ninguna solución puede encontrarse bajo la protección del imperialismo. El sionismo, escribió, ofrecería una respuesta, aunque "incapaz de resolver la cuestión judía", y añade el conflicto [...] en Palestina es cada vez más trágico y cada vez más amenazador. Por tanto, el sionismo sólo puede ser un "paliativo", un "arma de doble filo", una "trampa sangrienta"[6].

Palestina: de importancia estratégica

Palestina era de gran importancia estratégica para cualquier potencia que deseara controlar la región —y todavía lo es hoy en día—. Se encuentra en la encrucijada entre África, Asia y Europa, y por tanto en la encrucijada de su tráfico comercial, y Haifa es un puerto privilegiado para transportar recursos desde Oriente Medio hacia Europa.

Este hecho fue reconocido en su momento por las potencias coloniales. Por ejemplo, Leo Amery, miembro

---

5 Trotsky, 22 de diciembre de 1938: "Es fácil imaginar lo que les espera a los judíos al estallar la próxima guerra mundial. Pero, incluso sin guerra, el próximo desarrollo de la reacción mundial significará casi con toda seguridad el exterminio físico de los judíos". Esto es, unas semanas después de la *noche de los cristales rotos* y un mes antes del discurso de Hitler llamando a la aniquilación de los judíos. [N. del E.]
6 Léon Trotsky, *Œuvres*, julio de 1940.

del Partido Conservador y periodista, declaró en 1918 que "estratégicamente, Palestina y Egipto van de la mano", porque Palestina era "un amortiguador necesario frente al Canal de Suez" y era, por tanto, "geográficamente, prácticamente el centro del Imperio Británico". Por lo tanto, no es sorprendente que Herzl y sus sucesores lograran audiencia en varias potencias europeas que estaban ansiosas por apoderarse de las tierras de un Imperio Otomano que se desmoronaba...

Un nuevo hito se alcanzó en noviembre de 1917, cuando Gran Bretaña, que se convertiría en la potencia mandataria en Palestina tras la descomposición del Imperio Otomano, afirmó por boca de su ministro de Asuntos Exteriores, Lord Balfour, que "el Gobierno de Su Majestad ve con buenos ojos el establecimiento en Palestina de un hogar nacional para el pueblo judío". Cabe señalar que el mismo Balfour, quien emitió esta declaración, fue también el autor de la Ley de Extranjería de 1905 que cerró las fronteras británicas a los emigrantes judíos que huían de los pogromos rusos. Fue un estímulo para la empresa sionista; la colonización se aceleró, especialmente durante la década de 1930 y tras el advenimiento del nazismo.

Las razones del apoyo británico al proyecto sionista fueron, como ya se ha mencionado más arriba, la creación de una nación aliada en una región de gran importancia política y estratégica —un "pequeño Ulster leal", en palabras de Ronald Storrs, un alto funcionario del Ministerio de Asuntos Exteriores y Coloniales británico—. Además, al emitir la Declaración Balfour, el gobierno británico puso fin a las negociaciones entre el SO y los gobiernos alemán y francés, reforzando así su reivindicación sobre Palestina después de la guerra.

La oposición de los palestinos a la colonización se ha expresado muchas veces desde finales del siglo XIX. En 1936, se inicia una *Intifada* popular palestina contra los ocupantes británicos y el proyecto sionista. La revuelta comenzó con una huelga (probablemente una de las huelgas generales más largas de la historia) en la que la Sociedad de los Trabajadores Árabes de Palestina, creada en 1925 y la principal organización sindical árabe durante el Mandato Británico de Palestina, desempeñó un papel clave. La revuelta se convirtió entonces en un levantamiento militar en el que el movimiento revolucionario palestino logró hacerse con el control de la mayoría de las ciudades del país. En 1938, los palestinos controlaban las ciudades de Jaffa, Beer-Sheva, Gaza, Jericó, Belén, Ramala y la Ciudad Vieja de Jerusalén. Duró hasta 1939. La represión británica fue feroz, con miles de víctimas palestinas, deportaciones, exilio y destrucción de pueblos. El diez por ciento de la población masculina adulta palestina fue asesinada, murió, fue herida, encarcelada o tuvo que exiliarse durante la represión británica, mientras que la potencia colonial británica envió a 100.000 soldados y su poder aéreo para yugular la resistencia palestina. El movimiento sionista ayudó a los ocupantes británicos a aplastar el levantamiento popular. Por ejemplo, el sindicato sionista Histadrut (véase más abajo) organizó grupos de trabajadores judíos con el fin de romper las huelgas palestinas para que los sectores clave de la economía colonial, en particular los ferrocarriles, los puertos o la industria petrolera, no se vieran perturbados. Dicha movilización redujo los efectos de la huelga y permitió a las autoridades coloniales británicas mantener en funcionamiento las industrias vitales. Tras la revuelta, las autoridades coloniales británicas recompensaron al Histadrut aumentando el número de trabajadores judíos en las industrias e instituciones coloniales. Por último, apoyó la creación de escuadrones militares nocturnos formados por las autoridades coloniales británicas para proteger infraestructuras clave, principalmente ferrocarriles y oleoductos, para evitar el sabotaje de los insurgentes palestinos.

El Mandato Británico facilitó la colonización judía

El Mandato Británico facilitó el asentamiento y la colonización por los judíos durante toda su ocupación de Palestina, desde después de la Primera Guerra Mundial y hasta 1948. De hecho, fue gracias a la Administración británica que la comunidad judía de Palestina, conocida como el *Yishuv*, se convirtió en un Estado dentro del Estado. Las cifras no engañan: desde 1922 hasta finales de 1946, el número de judíos dio un salto desde los 84.000 a los 608.000, es decir, desde una décima a una tercera parte de la población total (alrededor de 1.850.000 habitantes).

Entre 1897 y 1947, la superficie en propiedad de los judíos pasó de 20.000 a 180.000 hectáreas, es decir, el 7% de las tierras en las que se asentaron los judíos, cuyo número creció de 27 a 300, produjeron el 28% de la producción agrícola de Palestina. En lo que respecta a la producción industrial en el *Yishuv*, literalmente explotó de un índice de 100 en 1920-1922 a 1029 en 1937-1938, y volvió a duplicarse hasta el final de la

Segunda Guerra Mundial. La renta media judía alcanzó entonces el doble de la renta media árabe.

La estructura de la economía estaba, de hecho, cada vez más dividida entre un sector judío y un sector árabe, que producían el 60% y el 40%, respectivamente, de la renta nacional palestina en 1944. La naturaleza del crecimiento de cada sector también divergía. La economía dominada por los judíos se caracterizó por una transformación estructural creciente y la expansión de un sector moderno en un contexto de acumulación capitalista. Mientras que la economía árabe palestina sólo tuvo un desarrollo sectorial en ciertas áreas, como por ejemplo el régimen de la propiedad de la tierra, dentro de la producción industrial y agrícola que, en su mayor parte, no había sido modificado y databa de antes el Mandato Británico.

El crecimiento de la economía judía dentro de Palestina fue considerablemente facilitado también en gran medida por el gran flujo de capital enviado por varias organizaciones e individuos para contribuir a la expansión de la influencia judía. La creciente desigualdad y la cada vez mayor separación entre la economía árabe palestina y la judía fueron también el resultado de las políticas del Mandato Británico y de los objetivos políticos del movimiento sionista. En efecto, las autoridades británicas otorgaron concesiones monopolísticas a empresas judías vinculadas al movimiento sionista.

En cuanto los inmigrantes judíos empezaron a instalarse en Palestina, los dirigentes del movimiento sionista, en particular los de orientación política laborista, hicieron todo lo posible por excluir a los palestinos de su vida cotidiana.

Históricamente, el kibutz ha sido el símbolo de esta política de exclusión. Bien conocidos en Europa por sus granjas proto-socialistas, el kibutz era el lugar donde los trabajadores vivían y tomaban decisiones colectivamente, sin gerentes ni propietarios. En los años 60 y 70 era habitual que los jóvenes progresistas europeos y norteamericanos pasaran un verano en un kibutz israelí para descubrir un entorno llamado "liberado". Sin embargo, el primer kibutz se creó en un asentamiento agrícola tras una huelga de trabajadores judíos en Kinneret en 1908, que lograron así imponer la exclusión de los trabajadores palestinos. Se habían opuesto a su presencia en la granja. La OS negoció el fin de la huelga con la creación de una nueva granja en Degania, que se convirtió en el primer kibutz. La OS sería propietaria de las tierras a través del FNJ y los trabajadores judíos la gestionarían colectivamente. En este proceso dio comienzo una alianza entre el sionismo sindical en Palestina y la OS, que se basaba en el despojo de las tierras palestinas y la exclusión de los trabajadores palestinos. Del mismo modo, y como consecuencia directa del desarrollo de la agricultura en Palestina, el movimiento obrero sionista organizó sus propias milicias. Sustituyendo a los guardias árabes que muchos asentamientos habían utilizado anteriormente, estas milicias sirvieron para extender el control sobre la tierra, para "resolver disputas" con los agricultores palestinos y para defender el asentamiento contra revueltas y represalias indígenas —un poco como las milicias en el TPO[7] en la actualidad—. Dichas milicias, junto con otras milicias sionistas, desempeñaron un papel central en la represión de la resistencia palestina y la revuelta árabe durante el Mandato Británico, participaron a continuación en la limpieza étnica de los palestinos durante la *Nakba* de 1948, y finalmente formaron la columna vertebral del nuevo ejército israelí.

Otro elemento esencial de la política de expulsión de los palestinos de sus tierras y de la construcción de las futuras infraestructuras que sentaron los cimientos del Estado israelí[8] fue la fundación por los dirigentes del "laborismo sionista" del sindicato Histadrut en 1920. Se trataba de un sindicato exclusivamente judío, que rápidamente se convirtió en punta de lanza de la actividad antipalestina. El sindicato Histadrut permitió la integración, sobre todo durante los años 30, de nuevos recién llegados judíos que huían del nazismo, buscándoles vivienda y empleo.

La Histadrut afirmaba que su programa era "socialista", pero estaba lejos de serlo. Su programa era la construcción de un Estado judío a través del trabajo de los obreros judíos. Los líderes del sindicato propusieron tres lemas como consigna para los asentamientos judíos: "Tierra judía, trabajo judío, producto judío".

Adoptando estos lemas, las agencias sionistas arrendaron tierras sólo a judíos; las colonias agrícolas y las industrias controladas por propietarios judíos contrata-

---

7 TPO: Territorios Palestinos Ocupados; Cisjordania, la Franja de Gaza y Jerusalén Este.
8 Por ejemplo, el sindicato poseía una empresa de construcción (Solel Boneh) y un banco (Bank HaPoalim). Las donaciones internacionales al Yishuv se recibían por intermediación del banco HaPoalim.

ban sólo a judíos, y, por último, los judíos boicoteaban la fruta y la verdura de la agricultura no judía. Aunque conservaron sus empleos en muchos sectores de la economía, particularmente en industrias coloniales como los ferrocarriles, la industria petrolera y los puertos, los palestinos fueron excluidos de la economía de la comunidad judía por las políticas deliberadas de la Histadrut y las agencias judías sionistas.

Nakba (la Catástrofe) o la creación de Israel

Tras la derrota de la revuelta árabe de 1936-1939, el movimiento nacional palestino fue completamente derrotado, dividido y políticamente decapitado, mientras que el movimiento sionista aumentó tanto su poder militar como su dominio sobre industrias estratégicas clave. Con la retirada de las fuerzas coloniales británicas en 1947-1948, el movimiento sionista estaba por consiguiente en una posicion ideal para desatar su violencia contra la población palestina. Desde esta perspectiva, la *Nakba* no es un accidente de la historia o de la guerra, sino el resultado de varias décadas de lucha por aplicar la política de exclusión llevada a cabo por el movimiento sionista.

En noviembre de 1947, la Resolución 181 de la ONU decidió dividir Palestina entre un Estado judío (54% del territorio) y un Estado árabe (46%). Los representantes palestinos rechazaron esta resolución, mientras que las principales potencias internacionales, incluidos Estados Unidos y la URSS[9], votaron a favor del plan.

Los dirigentes sionistas, por su parte, aceptaron la partición pero hicieron todo lo posible por extender el Estado judío lo más lejos posible y expulsar a los no judíos, en particular mediante el Plan Dallet. Este plan implicaba la conquista y despoblación, en abril y primera quincena de mayo, de los dos mayores centros urbanos árabes, Jaffa y Haifa, y de los distritos árabes de Jerusalén Este, así como de numerosas ciudades y pueblos árabes, entre ellos Tiberíades el 18 de abril, Haifa el 23 de abril, Safad el 10 de mayo y Beisan el 11 de mayo. Como resultado, la limpieza étnica de Palestina empezó mucho antes de la proclamación oficial del Estado de Israel el 15 de mayo de 1948.

Cuando en mayo de 1948, tras la retirada de las tropas británicas, proclamó su independencia, se desencadenó la primera guerra árabe-israelí y otros 400.000 palestinos fueron expulsados en los meses siguientes.

En el momento del armisticio de 1949, Israel había conquistado el 78% de Palestina y más de 700.000 palestinos se convirtieron en refugiados. Entre 1948 y 1949, el 80% de la población palestina fue expulsada y expropiada por grupos armados sionistas y el nuevo Estado israelí. Más de 500 pueblos y barrios palestinos fueron destruidos y los bienes palestinos expoliados. Algunos fueron expulsados en sentido estricto, mientras que otros huyeron como consecuencia de las accio-

---

9 Los dirigentes soviéticos esperaban que el recién creado Israel se aliara con Moscú y sirviera de contrapeso en la región a las monarquías árabes alineadas con los británicos, como Jordania, Irak y Egipto.

nes terroristas de la Haganá y el Etsel,[10] cuyo objetivo era precisamente crear el pánico entre la población palestina. Otros abandonaron sus hogares con el objetivo de regresar en cuanto terminaran las hostilidades, una vez que uno de los dos bandos hubiera vencido. Esta posibilidad no se dio jamás a pesar del voto favorable a la Resolución 194 por parte de la Asamblea de las Naciones Unidas el 11 de diciembre de 1948, que reconocía el derecho al retorno de los refugiados palestinos. En 1949, la UNRWA[11] fue fundada por la ONU. En 1950, el Parlamento israelí aprobó la Ley del Retorno: cualquier judío del mundo podía emigrar a Israel y convertirse en ciudadano. La operación de apropiación de tierras se amplió considerablemente. El 80% de los territorios y el 72% de todas las tierras cultivables pertenecientes a palestinos que se habían convertido en refugiados en 1948 cayeron en manos del Estado de Israel. Como resultado, dentro del recién formado Estado de Israel, el 75% de la tierra pertenecía al Estado, el 17% al Fondo Nacional Judío, el 2% pertenecía a particulares de confesión judía y el 6% a los palestinos.

En 1950, las autoridades del nuevo Estado israelí utilizaron la ordenanza titulada "Propiedad de los ausentes" o declararon "zonas militares cerradas" las tierras pertenecientes a palestinos expulsados para

---

10 El Irgún, también conocido como el Etzel, es una organización armada de la derecha sionista, nacida de una escisión en 1931 de la Haganá ("defensa" en hebreo), la mayor organización armada cuna del actual ejército israelí. [N. del E.]
11 United Nations Relief and Works Agency for Palestine Refugees in the Near East [Organismo de Obras Públicas y Socorro de las Naciones Unidas para los Refugiados de Palestina en el Cercano Oriente].

convertirlas en tierras del Estado y desarrollar en ellas comunidades judías.

En 1960, las autoridades declararon que dichas tierras no podían venderse a "no judíos".

Los palestinos de 1948, también llamados a veces árabes israelíes, son palestinos que permanecieron en el actual Estado de Israel. Eran 160.000 en 1948 y serán casi 1,6 millones en 2023, lo que representa el 21% de la población. Los palestinos de 1948 viven en cinco regiones principales:

- El norte de Israel (la región en torno a Galilea), donde el 51,60% de la población es palestina (823.000 habitantes).
- El "Triángulo", que marca la frontera de Israel con Cisjordania, tiene una población palestina del 19,70%, es decir 314.000 habitantes.
- El Neguev: 16,50% y 280.000 habitantes.
- Las ciudades de Acre, Haifa, Jaffa, Ramle, Lod, Nof Hagalil y Maalot-Tarshicha representan el 8,3%, es decir 132.000 habitantes. Estas ciudades, a menudo descritas en la prensa generalista como ciudades "mixtas", eufemismo para referirse a las ciudades en las que las minorías palestinas lograron evitar la expulsión durante la *Nakba* y ahora viven separadas de la mayoría judía israelí, a veces incluso detrás de muros físicos.
- El corredor de Jerusalén, incluido Jerusalén Oeste, donde el 1,1% de la población es palestina (17.000 habitantes). Los palestinos de 1948 tienen pasaporte israelí, pero son discriminados

a todos los niveles[12]. Hasta 1966, los palestinos de 1948 estaban sometidos a un gobierno militar que les imponía permisos de circulación, toques de queda, arrestos domiciliarios, etc. En cuanto a los territorios restantes, Cisjordania con Jerusalén Este, fue anexionada por el Reino de Jordania; la Franja de Gaza administrada por Egipto.

La ocupación total de la Palestina histórica tuvo lugar en 1967, durante la tercera guerra árabe-israelí, desencadenada por Israel y conocida como la "Guerra de los Seis Días", esto es, la ocupación de Jerusalén Este, Cisjordania y la Franja de Gaza. A esto hay que añadir la ocupación del Golán sirio (hasta la actualidad) y el Sinaí egipcio (hasta 1981). El Estado de Israel proclama Jerusalén su capital. Resultado: otra salida forzada de entre 250.000 y 400.000 palestinos y 150.000 sirios de los Altos del Golán.

En el curso de las décadas siguientes, las fuerzas de ocupación israelíes aplicaron el Plan Allon en los TPO, llamado así por su diseñador Ygal Allon, líder militar y político israelí. Este plan preveía la construcción de asentamientos y bases militares para asegurar el control estratégico de los territorios, sin anexionar las zonas donde se concentraba la población palestina (pueblos, ciudades, etc.). Sin embargo, el proyecto consistía en ponerlos bajo el control de una autoridad árabe cola-

---

12 La discriminación sistémica contra los palestinos del 48 dentro del Estado de Israel se pone de manifiesto por el hecho de que el 95% de las zonas habitadas por árabes están clasificadas entre los grupos socioeconómicos más bajos de Israel. En 2020, el 55,7% de los palestinos de 1948 se consideraban pobres, frente al 39,7% de las familias judías, según datos del Instituto Nacional de Seguros.

boracionista. Inicialmente, el plan era entregar estas zonas a la monarquía jordana. En el Plan Allon, la colonización juega un papel central. La colonización israelí de Cisjordania, la Franja de Gaza, Jerusalén y el Golán sirio se inició inmediatamente después de la guerra de 1967. En julio de 1967 se estableció el primer asentamiento en el Golán. En septiembre de 1967, fue el turno de la Cisjordania, ocupada con Kfar Etzion en la región de Hebrón, mientras que dio comienzo el proceso de judaización de la Jerusalén anexionada. En los años 70, el general israelí Dayan alentó la aceleración de la colonización judía de Cisjordania. Una organización sionista fundamentalista, *Gush Emounim* ("Bloque de fe"), fue autorizada a crear nuevos asentamientos. El elemento central de esta estrategia es la desposesión de los palestinos y la confiscación de sus tierras. Al mismo tiempo, la ocupación israelí de Cisjordania y la Franja de Gaza ha dado lugar a dos fenómenos económicos aparentemente divergentes: el aumento de la renta per cápita, que se duplicó entre 1967 y 1990, por un lado, y el hundimiento de su base económica, o lo que es lo mismo, un proceso de "subdesarrollo". Entre 1968 y 1972, Cisjordania y la Franja de Gaza registraron tasas medias de crecimiento anual del 15% y el 11%, respectivamente. Esto creó una situación en la que los ingresos individuales se incrementaron como consecuencia de los salarios percibidos en Israel, mientras que la capacidad y aptitud de la economía de Cisjordania y la Franja de Gaza para producir bienes, emplear a su mano de obra y mejorar tecnológicamente se redujo. Esto formaba parte de la política de Israel de elevar el nivel de vida sin aplicar cambios estructurales en la economía de los TPO y socavar gradualmente la base económica autóctona. La subida de los precios del Petróleo después de 1973 también provocó la marcha a las ricas monarquías del Golfo de muchos trabajadores palestinos, cuyas remesas a los TPO fomentaron el crecimiento de la economía palestina.

Entre 1968 y 1993, la participación del sector agrícola en el PIB cayó del 34% al 13%, mientras que los sectores de servicios y construcción representaron alrededor del 79%. Muchos agricultores palestinos abandonaron sus tierras de labranza para buscar empleo en Israel, y las fuerzas de ocupación israelíes aprovecharon a menudo esta situación para confiscar y expropiar tierras sin cultivar abandonadas por estos trabajadores que se marcharon a buscar oportunidades en Israel. Este es el resultado de las políticas impuestas por la ocupación israelí desde 1967 en Cisjordania y la Franja de Gaza. La estrategia detrás de estas decisiones era privar a los palestinos de importantes recursos económicos o factores de producción para establecer, mantener y desarrollar su propia capacidad productiva. A su vez, las autoridades de ocupación israelíes querían limitar cualquier forma de desarrollo económico e institucional autóctono que pudiera contribuir a la reforma estructural y a la acumulación de capital, sobre todo en el ámbito industrial.

Israel impidió que los palestinos desarrollaran industrias locales que pudieran competir con las industrias israelíes, aumentando y manteniendo la dependencia de la economía palestina de las importaciones israelíes. Los productos palestinos también se vieron seriamente amenazados por la inundación de los mercados con alimentos subvencionados fabricados en Israel.

La participación de la industria en el PIB palestino pasó del 9% en 1968 al 7% en 1987. La mayor parte del sector industrial en Cisjordania y la Franja de Gaza eran pequeños y medianos talleres, el 92,3% de los cuales empleaban en 1992 entre uno y nueve trabajadores. El Estado de Israel también ha impedido a los palestinos crear instituciones financieras en los TPO. El principal generador de empleo y el mayor mercado era Israel, que representaba el 90% de las exportaciones de Cisjordania y la Franja de Gaza y el 70% de sus importaciones. La ocupación israelí hizo que la industria y la agricultura palestinas dependieran de Israel, limitándolas a subcontratar servicios a sectores israelíes, aumentando así su dependencia de Israel como fuente de ingresos, empleo y modernización tecnológica. Aproximadamente un tercio de la mano de obra de Cisjordania (30%) y la Franja de Gaza (35%) trabajó en Israel durante este periodo, incluyendo el 70% en trabajos subalternos en la agricultura y la construcción. También se prohibió a los palestinos trabajar en todas las industrias y servicios clasificados como estratégicos. En 1982, los palestinos sólo podían trabajar en 19 de las 83 categorías profesionales inventariadas. Los territorios ocupados de Cisjordania y Gaza han sido objeto de "des-desarrollo" y una mayor dependencia por parte de las autoridades de ocupación israelíes. En 1985, Isaac Rabin, entonces ministro de defensa, resumió muy bien dicha estrategia cuando dijo: "No habrá desarrollo iniciado por el gobierno israelí en los TPO y no se concederá ningún permiso para desarrollar la agricultura o la industria que pueda entrar en competencia con el Estado de Israel".

Resistencia palestina en los TPO

Tras la ocupación total de Palestina en 1967 se organizaron numerosas manifestaciones y huelgas, tanto en Cisjordania como en la Franja de Gaza, entre 1967 y 1973, aunque no fueron masivas, puesto que la infraestructura social y política que existía antes de la guerra había sido temporalmente trastocada. Los sindicatos de la Franja de Gaza estaban prohibidos (hasta 1979) y los de Cisjordania fueron sistemáticamente acosados, con muchos de sus dirigentes detenidos y algunos expulsados por las fuerzas de ocupación israelíes. No obstante, la lucha armada fue persistente, dirigida por las diversas organizaciones de la Organización por la Liberación de Palestina (OLP) (véase más adelante), sobre todo en la Franja de Gaza, donde la guerrilla organizada localmente duró 3 años, tras 1967, antes de ser violentamente reprimida y aplastada por las autoridades militares israelíes, dirigidas entonces por Ariel Sharon.

No obstante, la tendencia de las masas palestinas a autoorganizarse se desarrolló desde principios de la década de 1970. El campo palestino también fue testigo de esta dinámica, así como de los cambios socioeconómicos debidos al desarrollo de la educación y la aparición de una mano de obra migrante, dos factores que pusieron en cuestión a los dirigentes tradicionalmente ligados al régimen jordano.

En agosto de 1973, se creó el Frente Nacional Palestino (FNP) por militantes locales que deseaban, dentro de los TPO, movilizar apoyos a la OLP, cuya carta adoptó, y en reacción general ante la intensificación de la represión y la colonización israelíes y tras las derrotas sufridas por el movimiento nacional palestino en Jordania en 1970-71. El FNP estaba formado por diversos grupos, desde sindicatos, asociaciones estudiantiles y de mujeres hasta sociedades profesionales y, por último, el Partido Comunista Palestino, que contaba con una amplia red de militantes.

El FNP adoptó una estrategia de desobediencia civil y de resistencia no armada, organizándose contra las confiscaciones y ventas de tierras y denunciando las duras condiciones de detención de los presos. También realizó con éxito campañas contra las elecciones municipales patrocinadas por Israel para legitimar la anexión israelí de Jerusalén, elecciones que se caracterizaron por una participación muy baja. El FNP también fue el iniciador de otras campañas, como la negativa a pagar los impuestos israelíes y sendas manifestaciones, por ejemplo, para protestar contra la deportación de ocho dirigentes palestinos de Cisjordania en diciembre de 1974. Las listas apoyadas por el FNP también ganaron por amplia mayoría las elecciones municipales de 1976, acabando con el poder de los notables vinculados al régimen hachemita de Jordania, poniendo así de manifiesto la radicalización de los palestinos. Muchos dirigentes del FNP sufrieron una represión violenta por parte de las autoridades de ocupación israelíes y fueron detenidos sin cargos ni juicio.

El Comité Nacional de Orientación, cuyo comité ejecutivo estaba formado por seis alcaldes de Cisjordania, representantes de Gaza y varias organizaciones de masas e instituciones nacionales de los TPO, tomó el relevo del FNP cuando éste fue prohibido por las autoridades de ocupación israelíes en octubre de 1978. El nuevo Comité publicó llamamientos y manifiestos y organizó mítines y manifestaciones mientras el régimen de ocupación intensificaba su represión. Posteriormente, las autoridades de ocupación israelíes disolvieron el Comité y encarcelaron y exiliaron a sus principales dirigentes a principios de la década de 1980. Al mismo tiempo, crearon y promovieron una dirección alternativa a la OLP en los territorios ocupados, denominada Ligas Pueblerinas, con el objetivo de controlar a la población local. Este organismo fue un completo fracaso. En la década de 1980, la movilización popular dentro de los TPO se intensificó, liderada por activistas locales que generalmente se identificaban con partidos políticos palestinos de izquierda como el Partido Comunista, el FPLP o el FDLP[13]. Las organizaciones populares se desarrollaron entre los estudiantes, las mujeres y el movimiento obrero. Dichas organizaciones, expresión de una creciente adhesión de los palestinos, cuestionaron cada vez más la estrategia aplicada por los dirigentes de la OLP en los TPO, conocida como *Sumud*-firmeza[14], y alentaron el modelo alternativo denominado *Sumud Muqawim*, resistencia y firmeza. Este modelo alternativo buscaba tanto reforzar la movilización popular desde abajo como contrarrestar las políticas de "des-desarrollo" de las fuerzas de ocupación israelíes, sustituyéndolas por formas autónomas y locales de desarrollo económico, aunque fuesen limitadas. Dicha estrategia de resistencia constituyó la base de la primera *Intifada*, que se inició en 1987 y duró hasta 1993. En efecto, el levantamiento dio lugar a su propio grupo dirigente, la Dirección Nacional Unificada del Levantamiento, la mayoría del cual procedía de la dirigencia de las organizaciones e instituciones populares que habían surgido en los años 80. La *Intifada* reforzó

---

13 Frente Popular por la Liberación de Palestina y Frente Democrático por la Liberación de Palestina, respectivamente [N. del E.]

14 Los principales objetivos de la estrategia *Sumud* de la OLP eran permitir la construcción de escuelas, servicios sanitarios y sociales, apoyar a las instituciones existentes, en particular los municipios, y construir viviendas. La ayuda financiera enviada a los TPO también se utilizó para consolidar alianzas políticas que garantizaran el control y la influencia de la OLP.

significativamente la posición de las fuerzas políticas "internas" y el estatus de una sociedad civil activa y dinámica, a través de sus organizaciones populares de masas, que eran percibidas como una amenaza por los dirigentes de la OLP. La firma de los Acuerdos de Oslo de 1993 entre el Estado de Israel y la OLP (véase más adelante) abrió una nueva página en la historia palestina, pero quedó muy lejos de las promesas oficiales de paz y prosperidad. La situación de los y las palestinas ha seguido deteriorándose con la multiplicación e intensificación de los crímenes y violaciones de los derechos humanos cometidos por la política ocupante y discriminatoria del Estado de Israel. Esta situación y la falta de perspectivas políticas de liberación conducirían, en particular, a la segunda *Intifada*, que empezó en septiembre de 2000, y a otras formas de resistencia popular armada de los palestinos.

II. LA NATURALEZA DEL ESTADO ISRAELÍ Y SU PAPEL AL SERVICIO DEL IMPERIALISMO

Como cualquier otro movimiento colonial, el sionismo es, por su propia naturaleza, unilateral: el destino y los derechos de los pueblos autóctonos no revisten importancia alguna en la realización del proyecto colonial. Como proyecto destinado a crear un Estado judío —en el sentido demográfico del concepto, es decir, compuesto, en la medida de lo posible, únicamente por judíos—, el sionismo combina las dimensiones de la limpieza étnica y del *apartheid*. El movimiento sionista, desde sus orígenes en Europa hasta la fundación del Estado de Israel en 1948 y el desplazamiento de palestinos en la actualidad, ha sido pues un proyecto de colonización. Para establecer, mantener y ampliar su territorio, el Estado israelí ha tenido que limpiar étnicamente a los palestinos de sus tierras, hogares y puestos de trabajo. A lo largo de este proceso, se ha aliado con las potencias imperialistas y ha recibido su apoyo, primero del Imperio Británico y posteriormente de Estados Unidos, que utilizaron a Israel como su agente en la lucha contra las diversas formas de nacionalismo árabe y socialismo en la región.

Por consiguiente, la política de expropiación de los palestinos por el Estado israelí, o el apoyo prestado a los colonos que tienen el mismo objetivo, debe considerarse una continuación de la *Nakba*, que expulsó a más de 700.000 palestinos de sus hogares en 1948. Este proceso de asentamiento es la razón por la cual más de 5 millones de refugiados palestinos viven en campos y ciudades de Oriente Medio y el Norte de África.

Incluso las organizaciones más tradicionales y *mainstream* reconocen ahora el carácter reaccionario de la colonización israelí. Por ejemplo, Human Rights Watch y la organización israelí B'Tselem han denunciado la incautación en curso de tierras palestinas por Israel. Han documentado cómo Israel ha violado el derecho internacional para apoyar a más de 700.000 colonos que construyen asentamientos en los territorios ocupados de Cisjordania y Jerusalén Este. También han llegado a la conclusión de que Israel es un Estado de *apartheid*, que concede privilegios especiales a los judíos y reduce a los palestinos a una ciudadanía de segunda clase. La ley del 19 de julio de 2018, conocida como "Ley del Estado-nación del pueblo judío", no ha hecho otra cosa que consagrar oficial y legalmente el *apartheid* contra la población palestina. Esta ley establece que "sólo el pueblo judío tiene derecho a la autodeterminación nacional en Israel" y dispone que el estatus de lengua del Estado se reserve únicamente al hebreo. Además, califica como un "valor nacional" el desarrollo de asentamientos judíos, no sólo en los territorios ocupados, sino también en Israel, en zonas habitadas por palestinos de 1948.

En términos más generales, la ONG Adalah (Centro jurídico por los derechos de las minorías árabes en Israel) enumera al menos 65 leyes que estructuran la inferioridad de la "nacionalidad" árabe en Israel en muchos ámbitos: derecho a la participación política, derecho a la tierra y a la vivienda, el acceso a la educación, los derechos culturales y lingüísticos, el derecho a un procedimiento justo durante una detención, etc.

Dado el carácter totalmente reaccionario del Estado de Israel, la hegemonía política de la extrema derecha en la última década no debería sorprender a nadie. En cierto modo, es la extensión lógica del movimiento sionista, de su etnonacionalismo y del racismo institucional de Israel durante siete décadas de opresión y desposesión de los palestinos. Estos elementos crean las condiciones adecuadas para las turbas sionistas de extrema derecha que marchan por los barrios palestinos coreando "Muerte a los árabes", o la deshumanización de los palestinos, cuando el ministro de Defensa israelí, Yoav Gallant, los llama "animales humanos" de Gaza en octubre de 2023, durante la ofensiva del ejército israelí de ocupación, cortando el acceso a alimentos, electricidad, agua y combustible.

Así pues, el principal problema no radica en la actitud más o menos extremista de los gobiernos israelíes, sino en la naturaleza racista y colonial del Estado de *apartheid* israelí. Se trata de la misma política de judaización de Jerusalén y de colonización de los territorios ocupados. Las violencias contra palestinos son permanentes, sea cual sea el color del gobierno.

Por ejemplo, las manifestaciones en Israel de 2023 contra el gobierno de Netanyahu no fueron en absoluto una lucha para salvar una falsa e inexistente "democracia israelí". Por otro lado, en estas manifestaciones las banderas palestinas o los pocos activistas que coreaban consignas anti-*apartheid* fueron atacados por los manifestantes. Dichos activistas propalestinos fueron acusados de intentar desviar el mensaje principal de la manifestación, "defender la democracia israelí", hacia cuestiones tales como la ocupación.

Cuando el diputado palestino Ayman Odeh y activistas de *Standing Together* subieron al escenario, algunos manifestantes se dirigieron a ellos y declararon que no querían árabes ahí y que el tema de la ocupación no debía incluirse en esa manifestación. Ya en 2011, las protestas populares contra los precios de la vivienda y la creciente desigualdad llevaron a cientos de miles de manifestantes israelíes a tomar las calles y ocupar las plazas urbanas, el Gobierno consiguió resolver la crisis acelerando la construcción de asentamientos y continuando el desplazamiento de palestinos en Jerusalén y el Neguev. Las principales organizaciones implicadas en la organización y el apoyo de estas movilizaciones procedían del movimiento sindical sionista y sus bases sociales se encontraban principalmente entre trabajadores de cuello blanco y jóvenes trabajadores precarios. Ningún rechazo a los planes del gobierno se formuló nunca y, a lo largo de todo el movimiento, las reivindicaciones palestinas fueron ignoradas. Esto demuestra que la presencia y poder creciente de los grupos extremistas y fundamentalistas dentro del gobierno no son el principal problema. Ello no significa que no haya oposición alguna a gobiernos dominados por la extrema derecha y sus políticas, sino que el problema principal reside en otra parte: en la naturaleza racista y colonial del Estado de *apartheid* israelí.

Ninguna lucha por la democracia puede tener lugar sin la liberación de los palestinos y la destrucción de las estructuras e instituciones del Estado de *apartheid*, colonial y racista de Israel.

El imperialismo, Estados Unidos e Israel

Estados Unidos y otras potencias imperialistas siempre han apoyado a Israel, que actúa como su policía local contra una posible transformación revolucionaria de la región, un escenario que desafiaría su control sobre sus reservas estratégicas de energía. Israel ha servido a este propósito en varias ocasiones desde su fundación. En 1956 participó en el ataque de Francia y Gran Bretaña contra el Egipto de Nasser tras la nacionalización del Canal de Suez[1].

En 1967, la Guerra de los Seis Días de Israel tuvo como objetivo el Egipto de Nasser y el Estado sirio durante su fase nacionalista radical.

Desde entonces, Estados Unidos ha apoyado a Israel,[2] que, en adelante, ha sido tratado como un activo estraté-

---

1 El Estado israelí se benefició considerablemente de su participación en la guerra de Suez. Sus dirigentes arrancaron a Francia la promesa de construir un reactor nuclear en Israel y suministrarle material fisible. Esto le permitió convertirse en la quinta potencia nuclear del mundo.
2 Después de la Segunda Guerra Mundial y del judeicidio, el presidente estadounidense Harry Truman apoyó la fundación del Estado de Israel el 14 de mayo de 1948, pese a la desaprobación de los responsables de la política exterior estadounidense —Forrestal, Marshall y Kennan—. Consi-

gico desde que el ejército israelí demostró su capacidad para dominar militarmente a los regímenes árabes vecinos y controlar así a los nacionalismos árabes radicales. Desde entonces, el entrelazamiento de ambos aparatos estratégicos no ha dejado de desarrollarse.

Fue a partir de 1967, y sobre todo a partir de 1973, cuando la ayuda financiera estadounidense a Israel se situó en una categoría propia: unos seiscientos millones de dólares al año bajo Johnson y más de dos mil millones bajo Nixon. Desde entonces, Washington ha gastado una media de cuatro mil millones de dólares anuales en Tel Aviv, apoyando su colonización de Palestina y sus guerras de agresión contra los gobiernos y movimientos progresistas de la región. Washington apoyó la intervención militar de Israel en el Líbano en 1978 y 1982, responsable de la terrible masacre de Sabra y Shatila, y que destruyó las fuerzas progresistas palestinas y libanesas e instaló un régimen amigo en Beirut.

Entre la creación del Estado de Israel en 1948 y el año 2023, Estados Unidos ha proporcionado 124.000 millones de dólares en ayuda militar a ese país.

Podemos citar igualmente la política de apoyo israelí a la Argelia francesa y a Vietnam del Sur, su ayuda militar a Etiopía, su reconocimiento de la Junta

---

deraban que esto iba en contra de los intereses estratégicos de Estados Unidos, particularmente en lo que se refiere al petróleo y a las monarquías del Golfo. Durante la década de 1950, las administraciones Truman y Eisenhower intentaron adoptar una posición equilibrada entre el Estado israelí y sus vecinos árabes, para no despertar la animosidad de las monarquías del Golfo —grandes productoras de petróleo— y empujar todavía más a ciertos Estados hacia la URSS. Por consiguiente, Estados Unidos sólo proporcionó entonces a Israel una ayuda económica y militar relativamente modesta.

chilena de Pinochet, etc. Las intervenciones militares israelíes contra el Líbano en 2006 y en la Franja de Gaza en varias ocasiones desde 2005 también se inscriben en este marco.

El proceso de normalización de los Acuerdos de Abraham de 2020, iniciado por el presidente Trump y continuado por Biden, tiene como objetivo fortalecer la influencia estadounidense en la región reforzando la integración política y económica de Israel con los demás Estados de Oriente Medio. El proceso de normalización oficial entre Israel y sus aliados, en particular las monarquías del Golfo —la mayoría de las cuales mantienen relaciones previas con Israel—, tiene por objeto aislar todavía más la cuestión palestina. Se trata, al reforzar una alianza regional de apoyo a Estados Unidos, de oponerse a Irán y garantizar la estabilidad neoliberal autoritaria de la región.

Al mismo tiempo, debemos tener cuidado con las teorías conspirativas planteadas por académicos de Harvard y Chicago, como como Stephen Walt y John Mearsheimer. Se trataría de un supuesto control de la política exterior de Estados Unidos por el "lobby sionista". Este tipo de explicación debilita nuestra comprensión de las dinámicas políticas locales e internacionales, al reducirlas a conflictos entre determinados grupos político-religiosos. En efecto, quienes piensan que es el "lobby israelí" el que está detrás de las decisiones de política exterior de Estados Unidos están planteando las cosas al revés. Creon que el sistema político de dominación estadounidense podría asegurar sus intereses globales sin aventuras militares extranjeras —sin apoyo de Estados extranjeros—.

Desde hace décadas, el Estado de Israel ha desempeñado el papel de perro guardián de los intereses imperialistas occidentales en la región. Esto queda ilustrado por las palabras del redactor jefe del diario *Haaretz* en 1951:

> Israel tendrá que ser una especie de perro guardián. No hay razón para temer que aplique una política agresiva contra los Estados árabes si es claramente contraria a los deseos de Estados Unidos y Gran Bretaña; en cambio, si las potencias occidentales optan, por una u otra razón, por hacer la vista gorda podemos estar seguros de que Israel podrá castigar como es debido a uno o varios de sus Estados vecinos cuya descortesía hacia Occidente exceda lo permitido.

Para sobrevivir como Estado construido sobre la evacuación de sus habitantes naturales, despertando la ira y la hostilidad de las masas de la región, Israel se ve obligado (también porque no es económicamente viable) a apoyarse en el imperialismo y a convertirse en un instrumento contra la revolución regional.

Antisionismo y antisemitismo

En nuestra lucha en solidaridad con la liberación del pueblo palestino debemos condenar todas las formas de racismo, incluido el antisemitismo. Por otro lado, nos oponemos a las teorías antisemitas y conspirativas que afirman que los judíos controlan el mundo. Según dichas teorías, el sistema está dominado por los judíos. Así, el sionismo, bajo el pretexto del antisemitismo, sería la fuente de la crisis económica, política y social que afecta a los pueblos de todo el mundo. En esta explicación antisemita, la dinámica del capitalismo y del imperialismo están completamente ausentes. Los "ideólogos" de la teoría de la conspiración son aficionados a culpar de todo lo que va mal en el mundo a una "conspiración judía global". Este tipo de explicación en realidad debilita la lucha anticapitalista al culpar de las injusticias y guerras mundiales a un determinado grupo religioso y no a la dinámica capitalista, a los intereses de las grandes potencias y al imperialismo.

Una posición poco clara sobre el antisemitismo debilita la comprensión y la lucha contra la política del Estado de Israel. Por ello es esencial luchar contra los intentos de partidos y personalidades de extrema derecha de hacer suya la causa de la solidaridad con Palestina.

Nuestra oposición al sionismo y al Estado de Israel tiene su origen en los factores políticos explicados anteriormente; no es oposición a la población judía. La crítica al sionismo es, en efecto, la crítica a una ideología y una política fundadas en una visión etno-racial de las relaciones sociales que ha conducido al Estado de Israel a institucionalizar la discriminación y la opresión que sufren los y las palestinas mediante leyes que conceden derechos específicos (y superiores) a los judíos. Por lo tanto, criticar el sionismo y las estructuras discriminatorias del Estado de Israel no es racismo, sino, al contrario, rechazar la legitimación de mecanismos institucionales de jerarquización racial.

Es más, al equiparar la oposición al sionismo con el antisemitismo, estas gentes fomentan en realidad la confusión que dicen combatir. En realidad, se sitúan en el mismo terreno que las alimañas antisemitas: el de la confusión deliberada entre "judío", "sionista" e "israelí".

Dicho esto, la confusión entre judíos e Israel es también, y principalmente, el resultado de la política del Estado de Israel. Este último también tiene una gran responsabilidad en el aumento de los actos antisemitas, al presentarse como representante de la comunidad judía mundial, lo que no es el caso y debe ser combatido[3].

Esta es la razón por la que no se debe ir a manifestarse ante una sinagoga, ya que esto da crédito al discurso israelí, que busca presentarse como el representante de la comunidad judía. Para establecer un paralelismo, es como si la gente fuera a manifestarse ante una mezquita para criticar la política de Arabia Saudí, que se presenta como "EL" país de los musulmanes. Del mismo modo, ciertas organizaciones, llamadas judías pero sobre todo pro-sionistas, alimentan la confusión entre los judíos y las autoridades israelíes al apoyar la política de Tel Aviv en nombre de todos los judíos. Estas organizaciones no luchan contra el antisemitismo sino que, por el contrario, contribuyen a él con su política, que con-

---

3 Del mismo modo, para combatir más eficazmente el antisemitismo en todas sus formas, es necesario comprender sus fuentes y las condiciones en las que surgió. Por ejemplo, la audiencia alcanzada por el discurso antisemita en Palestina tiene su origen principalmente en la política de Israel, supuestamente llevada a cabo "en nombre de los judíos". Es una reacción ante un opresor que se identifica con, y afirma hablar en nombre de, "los judíos de todo el mundo". No se trata de justificar, sino de comprender para combatir más eficazmente esta forma de antisemitismo muy diferente, y que no debe compararse con el antisemitismo de las organizaciones de extrema derecha y fascistas occidentales.

funde la crítica al Estado de Israel con la crítica a los judíos.

El antisionista israelí Michel Warschawski explica bien este fenómeno:

Una parte de la responsabilidad del fenómeno del deslizamiento de las críticas a la política israelí hacia las actitudes antisemitas recae sobre los hombros de algunos de los a menudo autoproclamados líderes de las comunidades judías de Europa y Norteamérica. En efecto, son ellos quienes a menudo identifican a toda la comunidad judía con una política —la del apoyo incondicional a los líderes israelíes—. Cuando, como ocurrió en Estrasburgo, llaman a manifestar su apoyo a Sharon en la plaza frente a una sinagoga, ¿por qué habría de sorprendernos que la sinagoga sea tomada como el objetivo de las manifestaciones contra la política israelí? ¿Y qué decir de esos líderes comunitarios en Francia que "entienden" la victoria de Le Pen y "esperan que haga reflexionar a la comunidad árabe local"? ¿No podemos ver en tal actitud una complacencia hacia el principal portador de ideas racistas —y por tanto antisemitas— en Francia? Una complacencia que continúa la colaboración de ciertas organizaciones de extrema derecha, como el Beitar, con grupos fascistas y antisemitas como Occident en los años setenta... Ya no es sólo una cuestión de deslizamiento semántico sino de connivencia[4].

---

4 Véase *Sur l'antisémitisme*, de Michel Warschawski, mayo de 2003, *L'Anticapitaliste* [N. del E.]

III. ORIENTE MEDIO, EVOLUCIÓN POLÍTICA E IDEOLOGÍAS DOMINANTES

El petróleo, entre control y distribución

La principal característica de la región de Oriente Medio y Norte de África es la concentración de combustibles fósiles, que sigue siendo el centro de interés de las grandes potencias mundiales. Incluso se ha llegado a hablar de la "maldición del petróleo". Las reservas de petróleo y gas de las monarquías del Golfo figuran entre las más elevadas del mundo. Existen estimaciones al respecto —la evaluación de las reservas de petróleo es particularmente controvertida—, pero una cifra generalmente citada es que las monarquías del Golfo poseen alrededor del 40-45% de todas las reservas confirmadas de petróleo y el 20% del gas mundial. En la actualidad suministran casi el 20% de producción mundial de petróleo.

Esto confiere a la región una importancia vital en términos de acumulación económica mundial; Estados Unidos ha jugado un papel clave en ella desde la Segunda Guerra Mundial. Tras el descubrimiento de petróleo en los años veinte y treinta en los países del

Golfo, especialmente Arabia Saudí[1], las potencias occidentales vieron en la región un papel potencialmente decisivo para determinar el destino del capitalismo a escala mundial, y desde entonces las rivalidades políticas se han multiplicado.

Ahora bien, entre 1947-1948 y 1973, los países de Europa Occidental y Japón (así como Estados Unidos) experimentaron un fuerte y continuo crecimiento económico a una escala desconocida hasta entonces: los "Treinta Gloriosos". El desarrollo de la sociedad industrial hizo que el petróleo se convirtiera en la energía estratégica por excelencia, la materia prima sin la cual todo el edificio político y económico del mundo desarrollado corría el riesgo de hundirse.

Como ha explicado el académico y geógrafo David Harvey, "Quien controla Oriente Medio controla el grifo del petróleo del mundo y quien controla el grifo del petróleo del mundo puede controlar la economía mundial, al menos en un futuro previsible".

Como recordatorio, dado el lugar central que ocupan los combustibles fósiles —a la vez fuente de energía y materia prima básica para la industria petroquímica—, toda la región ha adquirido una importancia esencial para la organización de la acumulación en la economía mundial. Un factor relacionado con ello es la enorme cantidad de excedente que se ha acumulado en la región como resultado de las ventas de crudo, gas y productos petroquímicos. Estos petrodólares han sido un elemento esencial en el desarrollo de la arquitec-

---

1 Creación de la famosa Arabian Oil Company (ARAMCO) en 1933 por las compañías petroleras estadounidenses.

tura financiera mundial. Durante los años 70, los flujos financieros del Golfo representaron una parte decisiva en el desarrollo del mercado del eurodólar (dólares estadounidenses depositados en bancos fuera de Estados Unidos) y también apoyaron las compras de bonos del Tesoro estadounidense. En este sentido, los petrodólares desempeñaron un papel decisivo en la consolidación de la hegemonía mundial de la divisa estadounidense y en remediar los desequilibrios financieros globales que han caracterizado al mercado mundial en las últimas décadas.

La rápida financiarización de la economía mundial estuvo en parte precedida por la integración de las monarquías del Golfo en los circuitos financieros del mercado mundial. Ello significa que la forma en que el mercado se ha desarrollado en las últimas décadas, con una compleja cadena de producción que va desde la fabricación de bienes en zonas de bajos salarios hasta la venta de productos en los países capitalistas avanzados, depende en gran medida tanto de la producción de hidrocarburos del Golfo como de sus excedentes financieros. En este sentido, la naturaleza de las clases y del tipo de Estados que surgen en esta región del Golfo están estrechamente ligadas al desarrollo más amplio del mercado mundial capitalista.

Las potencias occidentales, principalmente Estados Unidos, desempeñarán un papel clave en la configuración de la política económica de la región, en particular de las monarquías del Golfo, como Arabia Saudí, que generan ingentes rentas con la venta de su petróleo y gas natural a los conglomerados petroleros internacionales.

En 1945 el presidente estadounidense Roosevelt y el rey de Arabia Saudí firmaron el Pacto de Quincy para permitir el acceso al petróleo saudí a cambio de protección militar y ayuda en forma de equipo militar. Entre 1940 y 1967, las empresas estadounidenses aumentaron considerablemente su control sobre el petróleo en los países MONA [Medio Oriente y Norte de África], pasando del 10% a casi el 60%. El control de los suministros de petróleo es una herramienta importante para oponerse a cualquier cambio de poder, a la vez económico y militar, en la economía mundial.

En 1953, la nacionalización del petróleo iraní por el Primer Ministro Mossadegh y la popularidad de este lema en la región, sobre todo por el auge de los movimientos surgidos del nacionalismo árabe y de la izquierda, empujará a los distintos regímenes a reivindicar cada vez más el control total del petróleo producido en sus respectivos países.

La constante puesta en cuestión de los acuerdos de concesión por parte de los países productores es una preocupación constante para los mayores. El objetivo de las petroleras occidentales es evitar que la descolonización política preceda a la descolonización petrolera.

Hasta los años 70, el sistema de concesiones rigió las relaciones entre las compañías operadoras y los países productores[2]. Las formas utilizadas para recuperar el

---

2 Al principio, las concesiones abarcaban casi toda la superficie de los países productores durante un período muy largo. Estos acuerdos crearon verdaderos monopolios *de facto* a favor de las compañías, al concederles

control del petróleo fueron variadas, entre ellas la devolución parcial del petróleo a los países productores por parte de las compañías para evitar la nacionalización.

La política de Estados Unidos de utilizar Estados intermediarios como Irán y Arabia Saudí para garantizar el flujo de petróleo y proteger sus intereses se verá modificada en parte como consecuencia de importantes acontecimientos políticos en la región:

- el primer boicot petrolero y la consiguiente subida de precios en 1973, iniciado y organizado por la OPEP[3], y las campañas nacionales por el control del petróleo;
- el derrocamiento del Sha de Persia en 1979.

El presidente estadounidense Jimmy Carter estableció la doctrina según la cual Washington no permitiría bajo ninguna circunstancia que se perturbara el flujo de petróleo desde el Golfo. En otras palabras, ello implicaba la necesidad de mantener abierto el estrecho de Ormuz[4] y una presencia militar permanente en la región, que se añadía además a la creación de una fuerza de reacción rápida para hacer frente a cualquier emergencia. Dicha fuerza de despliegue rápido se desarrollará aún más significativamente en términos de efectivos y recursos

---

derechos exclusivos sobre vastas extensiones de tierra. Organizaban de hecho una transferencia de soberanía en provecho de las empresas. Los países productores no controlaban las cantidades producidas, ni los niveles de exportación y los precios. Quedaron confinados al papel de meros recaudadores de impuestos.
3 OPEP, Organización de Países Exportadores de Petróleo, creada en 1960 por iniciativa de Irán, formada ahora por 12 países. [N. del E.]
4 Situado a la entrada del Golfo, con 185 km de longitud, por él pasa el 30% de la producción mundial de Petróleo. [N. del E.]

financieros tras la pérdida de Irán, que desempeñaba el papel de gendarme regional.

En 2023, la presencia militar estadounidense en Oriente Medio se estimaba en más de 30.000 hombres.

Ante todo, y esto es una constante en la política exterior de Estados Unidos cuando se trata de petróleo, les asegura, así como a sus aliados, un suministro suficiente de petróleo de Oriente Medio, asegurando a su vez que son sólo marginalmente dependientes de él. Desde esta perspectiva, todas las Administraciones, ya sean republicanas o demócratas, han apoyado las posiciones e intereses de las grandes petroleras, con el objetivo de obtener un control directo sobre las fuentes de suministro exteriores a Estados Unidos. De este modo, se desarrolló un "imperialismo del petróleo" tanto respecto a los países productores de Oriente Medio como a los países occidentales consumidores.

Evolución política, Guerra Fría, era unipolar, debilitamiento de Estados Unidos y ascenso de conflictos interimperialistas

Al final de la Segunda Guerra Mundial, las relaciones internacionales seguían en plena ebullición y las alianzas en Oriente Medio seguían siendo cambiantes. En 1947, la URSS votó en la ONU, al igual que Estados Unidos, a favor de la partición de Palestina, y Checoslovaquia fue el primer país en suministrar armas a Israel. La prioridad del líder soviético Joseph Stalin era en ese momento debilitar a los británicos en Oriente Medio y encontrar nuevos aliados.

La contención (*containment* en inglés) era la estrategia de política exterior adoptada por Estados Unidos de la posguerra bajo el mandato del presidente Harry Truman. Su objetivo era detener la expansión de la zona de influencia soviética más allá de sus límites de 1947 y contrarrestar a los Estados susceptibles de optar por el comunismo[5]. Oriente Medio no fue una excepción a esta política y fue testigo de la proliferación de propaganda política anticomunista en colaboración con países amigos de la región.

El contexto de la Guerra Fría —la ayuda militar y financiera del bloque soviético al Egipto de Nasser, la venta de armas de la URSS a Siria, así como los programas de entrenamiento del ejército sirio, la crisis de Suez de 1956 y la retirada de Francia y Gran Bretaña de Oriente Próximo— llevó a los diplomáticos estadounidenses a temer un posible contagio del comunismo en Oriente Próximo. Especialmente tras la guerra por el Canal de Suez[6] de 1956, el presidente Eisenhower consideró que se había producido un vacío de poder en Oriente Medio debido a la pérdida de prestigio de Gran Bretaña y Francia. Eisenhower temía que esto permitiera al líder egipcio Nasser extender y difundir sus políticas panárabes, formar una alianza con Jordania y Siria y abrir el Oriente Medio a la influencia soviética.

Eisenhower quería colmar el vacío antes de que lo hicieran los soviéticos. Estados Unidos temía que el nacionalismo panárabe se combinara con el comunismo internacional en la región y amenazara los intereses occidentales. Así que estaba dispuesto a enviar tropas

---

5 Creación de la Organización del Tratado del Atlántico Norte, OTAN, en 1949.
6 Canal entre el Mediterráneo y el Mar Rojo, nacionalizado por Nasser en 1956 a expenses del capital británico y francés, que, junto con Israel, intentaron apoderarse de él. [N. del E.]

estadounidenses a Oriente Medio según lo exigieran las circunstancias. La doctrina Eisenhower se estableció en 1957 mediante una ley que le autorizaba, como comandante en jefe de las Fuerzas Armadas, a usar la fuerza en Oriente Medio para asegurar y proteger la integridad e independencia política de los Estados que lo solicitaran contra toda agresión armada procedente de cualquier país controlado por el comunismo internacional[7].

En 1968, bajo la presidencia de Nixon, se puso en marcha una nueva doctrina, con la ayuda de su consejero de Seguridad Nacional, Henry Kissinger, para evitar otro Vietnam. Abogaba por dotar a regímenes aliados de capacidades militares suficientes para hacer frente a posibles ataques o influencias comunistas. Por otra parte, el sistema financiero, basado en el libre comercio bajo la égida de la organización monetaria mundial, el FMI, creado por los acuerdos de Bretton Woods tras la Segunda Guerra Mundial, parecía estar agotándose. La crisis del dólar estaba debilitando la economía estadounidense, asolada por la inflación. El principal impulso de la doctrina en estos primeros años fue la retirada de las fuerzas armadas estadounidenses de Asia y la aplicación de una cierta *realpolitik* en las relaciones con el bloque enemigo: la Administración Nixon decidió alejarse del marco demasiado estrecho de la ideología —en este caso la contención sistemática de los regíme-

---

7 En particular, la intervención militar en el Líbano en 1958 en apoyo del presidente libanés Camille Chamoun contra un movimiento popular influenciado por la izquierda y los nacionalistas árabes. Paralelamente, tropas británicas de Chipre intervinieron en Jordania. Aunque Eisenhower nunca invocó directamente la "Doctrina Eisenhower", la acción estadounidense en el Líbano tenía como objetivo, no sólo ayudar al gobierno del presidente Chamoun contra sus oponentes políticos, sino también advertir a la Unión Soviética de que actuaría para proteger sus intereses en Oriente Medio.

nes comunistas— con el fin de aplicar una política más pragmática de equilibrio de poder. Por consiguiente, la decisión de reanudar el diálogo con el régimen comunista chino, entre otras cosas para contrarrestar la influencia de Moscú, era una ilustración perfecta de la *realpolitik* concebida por Nixon y Kissinger. Esta doctrina fue, de hecho, una respuesta a la situación económica de Estados Unidos y a su necesidad de compartir las cargas.

Estados Unidos utilizó su asociación estratégica con Irán —hasta el derrocamiento del Sha en 1979—, Turquía, Israel y Arabia Saudí para dominar la región y enfrentarse a los regímenes árabes nacionalistas como el Egipto de Gamal Abdel Nasser, a los comunistas y los izquierdistas de la región, y a las diversas luchas populares y nacionales, que en general aspiraban a una mayor soberanía, más justicia social y a la independencia frente a la dominación imperial. Por ejemplo, Irán se convirtió en uno de los principales compradores de armas estadounidenses, con las decenas de miles de expertos y asesores que las acompañan. El Irán del Sha se transformó gradualmente en un gendarme regional tras la retirada de las últimas tropas británicas estacionadas a la entrada del Golfo.

Generalmente se subestima demasiado la aparición del reino saudí en la historia del mundo árabe y musulmán y, por ende, en la historia mundial. Sin embargo, fue un punto de inflexión crucial y decisivo en la historia. La influencia ideológica y política del reino resultó mucho más duradera que la del Egipto de Nasser, por ejemplo. El establecimiento, en 1926, en el corazón mismo del territorio de referencia del Islam —donde se desarrolló la saga de su fundación y donde se ubican sus dos principales lugares sagrados— de un Estado fundado en la interpretación más fundamentalista y puritana del Islam que ha existido jamás ha desempeñado un papel decisivo en el impulso de la contrarreforma integrista islámica. Como escribió Rachid Rida, un adalid de dicha contrarreforma, al celebrar el advenimiento de la monarquía saudí, "La reforma islámica cuenta ahora con un Estado armado que lucha contra las herejías (*al-bida'*)". El reino wahabí[8] ha dotado al panislamismo de una base estratégica permanente de inestimable eficacia, poniendo los recursos de un Estado a su servicio.

Estados Unidos buscaba alianzas, no sólo con Arabia Saudí, sino también con figuras y grupos fundamentalistas religiosos contra los partidos comunistas y nacionalistas árabes[9]. La gran expansión del wahabismo se inició en la década de 1960 como resultado de las luchas entre Arabia Saudí y el Egipto de Nasser. Contra las ambiciones de Nasser, Riad se posicionó como el campeón del Islam y de los valores tradicionales, inaugurando una política de "Solidaridad islámica". En este marco, Arabia Saudí promovió y financió diversos movimientos fundamentalistas islámicos suníes, en particular los Hermanos Musulmanes, para contrarrestar a los

---

8 Suníes, los wahabíes defienden el monoteísmo puro, abogando por la estricta obediencia a la sharia.
9 Se dio un uso del factor religioso para buscar alianzas con figuras y movimientos conservadores, como los Moralistas Comunes y movimientos como el *Common Moral front against communism* (Frente Moral Común contra el Comunismo), el *Muslims and Christian West* (el Occidente Musulmán y Cristiano) y se celebró una reunión con el ex Muftí de Jerusalén, Al-Husseini, que había encontrado refugio en la Alemania nazi y compartía su odio contra el comunismo. El rey de Arabia Saudí, Abdel Aziz, afirmaba que tanto el cristianismo como el Islam estaban amenazados por el comunismo. Said Ramadan, líder internacional clave de los Hermanos Musulmanes, fue invitado a Washington...

movimientos nacionalistas panárabes y de izquierda. Diversas organizaciones políticas, económicas, sociales, educativas y religiosas se formaron con este objetivo en mente (la Liga Islámica Mundial, la Universidad Islámica de Medina, la Organización de la Cooperación Islámica, etc.) y cooperaron con el movimiento de los Hermanos Musulmanes, que se oponía a Nasser y a las diversas corrientes del nacionalismo árabe, que pronto serían acogidos en Arabia Saudí.

El discurso oficial saudí denunciaba, pues, las ideologías laicas como el nacionalismo árabe, que se consideraba una *jahaliyya* (ignorancia) atea, un movimiento cuyo principal objetivo era luchar contra el Islam y destruir sus enseñanzas y normas. Todos los árabes que abrazaban el nacionalismo árabe eran enemigos del Islam. Se acusaba al nacionalismo árabe de ser de origen europeo, de motivación judía y de ser una conspiración promovida por Occidente y el sionismo para socavar la "unidad de los musulmanes". El comunismo se consideraba "un movimiento que conduce a la esclavitud del individuo a través del materialismo y el abandono de las cualidades morales y espirituales".

Entre los años 50 y 70, hubo varios movimientos nacionalistas árabes y de izquierda bien organizados y militantes en la región del Golfo. Se les podía ver en huelgas y manifestaciones, como por ejemplo en los yacimientos petrolíferos saudíes, durante la lucha guerrillera en la región de Dhofar, Omán, y en su firme apoyo a la lucha palestina en Kuwait y otros lugares. Había una fuerte simpatía entre la población del Golfo por las causas nacionalistas palestinas y árabes, a menudo ligada a la presencia de trabajadores árabes procedentes de Palestina, Egipto, Siria, Yemen, etc.

En paralelo a la represión estatal de los movimientos de izquierda y nacionalistas árabes, cada una de las monarquías del Golfo adoptó una forma particular de organización del trabajo como medio de asegurar la dominación de la familia reinante. La clase obrera se constituyó a través de los flujos de mano de obra migrante temporal, con la ciudadanía reservada a una minoría de la población. A partir de los años 70, la población de trabajadores migrantes temporales aumentó del 50% al 70% de la población activa en Arabia Saudí, Omán y Bahréin y del 80% al 90% en los demás Estados del Golfo. Privados de sus derechos de ciudadanía o residencia permanente, los trabajadores migrantes formaban el estrato inferior de un sistema de dos niveles dominado por una estrecha capa de "nacionales", que tenían acceso a empleos en el sector público, concesiones de tierras, vivienda gratuita o barata y servicios sociales como sanidad y educación. Esta estructura altamente estratificada era, ante todo, un proceso espacial —esta clase se materializaba por un conjunto de relaciones sociales producidas por los flujos de trabajadores y trabajadoras de diferentes zonas geográficas, sujetos a diferentes arreglos institucionales de ciudadanía y a legislaciones distintas—. De este modo, las familias dominantes ejercían un poderoso sistema de control sobre la inmensa mayoría de la población residente, al tiempo que garantizaban la lealtad de los ciudadanos a este *statu quo* tan desigual.

No obstante, se produciría una evolución en el flujo de emigrantes hacia las monarquías del Golfo. En la década de 1970, más del 70% de los y las trabajadoras migrantes eran árabes, principalmente egipcios, yemeníes, palestinos, jordanos, libaneses y sirios. Muchos de ellos y ellas trabajaban en la construcción y la edificación. Los emigrantes árabes —sobre todo palestinos egipcios y jordanos— también han ocupado puestos de trabajo como profesores, ingenieros, arquitectos, médicos y otras profesiones. Como consecuencia de que las remesas del Golfo al resto del mundo árabe se triplicaran entre 1973 y 1980, muchos gobiernos propusieron la exportación de mano de obra para recibir grandes sumas de dinero como una posible solución al problema de los déficits de divisas y ante un elevado desempleo. A mediados de los años ochenta, los trabajadores árabes que no eran ciudadanos del Golfo buscaban cada vez más traer consigo a sus familias y lograr más derechos políticos y sociales.

Fue en parte como respuesta a dichas reivindicaciones que los Estados del Golfo cuestionaron el origen geográfico de los flujos migratorios: privilegiaron al subcontinente indio en detrimento de los países árabes. Se promulgaron leyes para dificultar que las familias árabes se instalaran durante largos periodos en el Golfo. Tras la Guerra del Golfo de 1990-1991, un gran número de residentes árabes fueron expulsados con el pretexto de que la OLP y Yemen habían apoyado la invasión iraquí de Kuwait. Se estima que en los cuatro meses posteriores a la invasión, más de 2 millones de trabajadores migrantes abandonaron Irak, Kuwait y Arabia Saudí. Entre 1975 y 2000, el número de trabajadores migrantes en los Estados del Golfo aumentó de 1,1 a 8,5 millones. Sin embargo, durante este mismo periodo, la proporción de trabajadores migrantes árabes en el Golfo descendió del 72% al 25%, aproximadamente, sustituidos por mano de obra barata procedente del sur de Asia.

El fin de la URSS marcó el dominio y la expansión del imperio estadounidense, incluso más allá del antiguo Telón de Acero. La emergencia de un "mundo unipolar" con la creciente parálisis de la Unión Soviética y su posterior desaparición —o más bien un "momento unipolar", según la expresión más prudente del columnista neoconservador estadounidense Charles Krauthammer—. El año 1991 fue un punto de inflexión crucial, un año cargado de simbolismo, puesto que se remitía a cambios reales. El colapso de la URSS, pero también la segunda Guerra del Golfo, fueron decisivos para configurar la era posterior a la Guerra Fría. La invasión de Kuwait por el Irak de Saddam Hussein en agosto de 1990 fue utilizada por la Administración estadounidense para restablecerse militarmente en esta región del mundo, que había tenido que abandonar a principios de los años sesenta (evacuación de la base estadounidense de Dhahran en el Reino de Arabia Saudí bajo la presión del Egipto nasserista). Estados Unidos se restableció con fuerza en esta zona, de cuya importancia estratégica, a causa del petróleo y de la geopolítica, no se les escapa, por supuesto. Su control sirve como argumento estratégico en las relaciones con sus socios dependientes del petróleo procedente de Oriente Medio, ya sea Europa Occidental o Japón, así como su potencial adversario que es China, no menos dependiente a este respecto. Por ello, su Fuerza de Despliegue Rápido refuerza considerablemente su red de bases y sus medios en Oriente Medio.

La estrategia estadounidense en Oriente Medio tras la Guerra del Golfo de 1991 se articula en torno a dos elementos principales:

- la doble contención de Irak[10] e Irán[11], considerados Estados paria y excluidos de la llamada "comunidad internacional";
- la resolución del conflicto israelo-palestino para permitir la integración del Estado de Israel con los aliados estadounidenses en Oriente Medio, para reforzar así la influencia estadounidense.

La "guerra contra el terrorismo", inaugurada por George Bush Jr. en respuesta a los atentados del 11 de septiembre de 2001, completa el advenimiento del "Nuevo Orden Imperial". Fue el 11 de septiembre de 2001 lo que proporcionó a la Administración la oportunidad de poner en práctica su proyecto central. Lo que Cheney y Rumsfeld[12] tenían en común era que estaban obsesionados con la cuestión de Irak. Su primera reacción al 11 de septiembre —el caso está bien documentado hoy— fue "¡Invadamos Irak!" Pero sabían perfectamente

---

10 Irak fue sometido, entre 1991 y 2003, a doce años de un embargo criminal sufrido por su población y que provocó más de un millón de muertes.
11 Estados Unidos, que había impuesto un embargo a su comercio con Irán, adoptó en 1996 una ley que amenazaba con sanciones a las sociedades extranjeras que contribuyeran al desarrollo del sector petrolero iraní.
12 D. Cheney y D. Rumsfeld, ambos fueron Secretarios de Defensa con Bush padre. [N. del E.]

que Irak no tenía nada que ver con los atentados del 11 de septiembre.

El aventurerismo militar del equipo Bush-Cheney-Rumsfeld comenzó en Afganistán en octubre de 2001 y continuaría posteriormente en Irak. Conducirá a una situación de sobre-extensión de las capacidades militares de Estados Unidos, tanto en términos de recursos técnicos como de "recursos humanos". Desde todos los puntos de vista, sus capacidades superaban claramente las del momento de la guerra de Vietnam —salvo en un punto que ha sido muy subestimado: los efectivos—. En 1970, el personal total del Departamento de Defensa superaba los tres millones de personas. En 2005, la cifra apenas llegaba a 1.400.000, incluyendo el conjunto del personal civil, administrativo y de otro tipo. Desde entonces, la presión sobre los "recursos humanos" de las fuerzas armadas se lleva al límite.

La intervención masiva de Estados Unidos en la región del Golfo en 1990-1991, su impresionante despliegue militar en la región MONA y su invasión de Irak en 2003 estuvieron principal y exclusivamente motivadas por el factor petróleo. El ex presidente de la Reserva Federal estadounidense, Alan Greenspan, escribió en sus memorias que "es políticamente embarazoso admitir lo que todo el mundo sabe: la guerra de Irak fue en gran medida una guerra por petróleo"; mientras que Paul Wolfowitz[13] dijo: "La mayor diferencia entre Corea del Norte e Irak[…]: ¡Irak está nadando en un mar de petróleo!" Estados Unidos no ha dejado de perder el control de Irak desde el despliegue de su fuerza de ocupación en 2003. Se ha enfrentado primero a la apa-

---

13 Subsecretario de Defensa entre 2001 y 2005. [N. del E.]

rición de una rebelión armada en los territorios árabes suníes del país, que resultó imposible de controlar con el limitado número tropas de ocupación estadounidenses disponibles. Irak se convirtió en una "catástrofe", por retomar la expresión de Zbignew Brzezinski[14]. La Administración Bush saldrá pronto de escena con lo que es, de hecho, el balance más catastrófico en la historia de las administraciones estadounidenses. Tiene en su pasivo el mayor fracaso de la política exterior estadounidense. Habiendo llegado al poder en un momento en que la "hiperpotencia" estaba en su apogeo y disponía de un capital considerable, lo abandonó tras haber llevado a la bancarrota dicha empresa estadounidense.

El fracaso de la invasión estadounidense de Irak en 2003, al igual que la de Afganistán en 2001 —fracasos cuyas consecuencias pueden verse cada día: el Estado Islámico, la influencia y el poder generalizados de los partidos confesionales chiíes próximos a Irán, la inseguridad, etc.— marcan el principio del fin de dicho "momento unipolar". La crisis financiera y económica de 2007-2008 también afectó a la economía estadounidense y, más en general, su dominio del mundo. El fracaso estadounidense en Irak y el relativo debilitamiento de su poder e influencia en Oriente Medio, no sólo han dejado espacio para otras fuerzas internacionales como Rusia, léase China en menor medida, sino que también ha permitido a los Estados de la región desempeñar un papel cada vez más importante en la zona y en los procesos revolucionarios. Dichos procesos, que se iniciaron a finales de 2010 y principios de 2011, han trastocado los diversos equilibrios regionales y contribuido

---

14 Asesor de Seguridad Nacional del presidente estadounidense Jimmy Carter entre 1977 y 1981.

al debilitamiento de la influencia de Estados Unidos en la región, con la caída de, o cuando menos poniendo en enormes aprietos a, los regímenes aliados.

Oriente Medio sigue siendo el epicentro de numerosos conflictos e intervenciones múltiples. Las principales potencias internacionales (Estados Unidos, Rusia, China y la Unión Europea) mantienen su presencia en la región o muestran interés por diversas formas de inversión. China está cada vez más presente en Oriente Medio, sobre todo como parte de su iniciativa "Un Cinturón-Una Ruta", también conocida como la Nueva Ruta de la Seda. Oriente Medio sigue siendo en su conjunto una zona de desarrollo de las rivalidades competitivas entre las principales potencias internacionales y regionales.

Ideologías dominantes: del nacionalismo árabe al integrismo islámico

El nacionalismo árabe tiene su origen en los combates librados en las provincias árabes del Imperio Otomano para definir una "arabidad" y utilizarla como arma de emancipación contra el yugo otomano.

Sin embargo, no fue hasta después de la Segunda Guerra Mundial que el nacionalismo árabe surgió como un proyecto político concreto, encarnado por partidos políticos y "líderes". Se forjó en los años de entreguerras en un medio intelectual depositario del legado de la

Nahda[15], pero lo transformó en un sentido más político, menos nostálgico, más orientado a la acción y al futuro.

Su proyecto nacionalista fue radical desde el principio, con inspiraciones socialistas, y se encarnó necesariamente en una nueva generación que criticaba la labor de sus "padres, corruptos e incapaces de lograr una independencia real". Aunque más claramente ideológico, el proyecto nacionalista árabe se apoyaba en una determinada visión cultural de la nación. El inicio de las independencias, de la descolonización y la *Nakba* (o "catástrofe" en el momento de la creación del Estado de Israel y el éxodo forzoso de más de 700.000 palestinos y palestinas) marcaron el inicio del auge de los movimientos surgidos del nacionalismo árabe. En muchos aspectos, el nacionalismo árabe va a convertirse en la ideología común de la generación de los años 1940-1960. Tras la *Nakba* de 1948, cierto número de palestinos y palestinas participaron en organizaciones políticas de vocación panárabe hasta 1967.

Los nacionalistas panárabes, junto con otros movimientos tercermundistas, abogaban por una transformación social progresiva de las estructuras heredadas de la opresión y la dominación. Al mismo tiempo, las políticas económicas de los movimientos nacionalistas árabes de Nasser y el Partido Baaz[16] de los años 60 se caracterizó por un capitalismo de Estado, que promovió una estrategia hostil al capital extranjero y a ciertos sectores privados nacionales, por un lado, y una polí-

---

15 Movimiento transversal de "renacimiento" cultural árabe moderno, a la vez literario, político, cultural y religioso. [N. del E.]
16 El *Ba'th* o *Partido Baas*, Partido Socialista de la Resurrección Árabe, se fundó en 1944 en Siria con el objetivo de unir los distintos Estados árabes en una única gran nación. [N. del E.]

tica dirigida a una amplia redistribución de la riqueza dentro de la sociedad, por otro. La promoción por parte del Estado del capital nacional exigió la eliminación de las configuraciones institucionales —apoyadas por las élites anteriores, vinculadas al colonialismo— que bloqueaban el desarrollo de nuevos grupos capitalistas. Esto quedó ilustrado en el libro de Nasser *Filosofía de la Revolución*, en el que argumentaba que "la revolución fue una lucha popular progresista, no una lucha de clases", que reunía a "campesinos, obreros, soldados, intelectuales y el capital nacional como alternativa a la alianza del capital explotador y feudal". Esta lucha constituye una explicación importante, por más que parcial, de la naturaleza de la reforma agraria que tuvo lugar en Siria y Egipto en las décadas de 1950 y 1960.

En la práctica, esto no significó necesariamente la destrucción de todas esas viejas élites sociales —en muchos casos, se convirtieron en una componente importante de las nuevas clases capitalistas—, sino que se dirigió a las formas institucionales que representaban dichas viejas relaciones sociales. El desarrollo de esta burguesía local, apoyada por el Estado, contribuye también a explicar una de las fuerzas motrices de la confrontación con las fuerzas imperialistas: el intento de lograr una soberanía fundamental sobre los recursos, las políticas estatales, los sistemas financieros, etc. Todas estas medidas explican la omnipresencia del "Estado fuerte" que caracterizó a los gobiernos nacionalistas árabes en las décadas de 1950 y 1960, y proporcionaron las condiciones para la acumulación nacional a través de contratos distribuidos por el Estado, vínculos financieros y oportunidades comerciales. Los nuevos gobiernos surgidos del nacionalismo árabe en Siria y Egipto fueron capaces de desarrollar la industria al tiempo que actuaban como un motor del crecimiento y gestionando los principales sectores de la economía, el comercio exterior, la banca, la industria, la construcción y otros sectores económicos clave. Dentro de esta estructura, el ejército ocupaba una posición preeminente como única institución del Estado con la cohesión interna y la disciplina organizativa necesarias para liderar dicha transformación.

A su vez, la construcción de una economía estatista o capitalista no significó el fin del sector privado. Éste, en el seno de regímenes "socialistas" (dirigidos por el Estado), no sólo logró mantenerse, sino a menudo consolidarse junto al capitalismo de Estado. El gobierno también adjudicaba contratos de suministro y construcción, así como numerosas ventajas al sector privado mediante la subcontratación, dando ésta nacimiento a un creciente número de actividades orientadas a la obtención de rentas, actividades que mezclaban a funcionarios del Estado y hombres de negocios.

Lo que estos regímenes tienen en común es que han perpetuado la ausencia de toda referencia a la democracia. Aunque el movimiento obrero y todas las formas de oposición de izquierda y progresista fueron tolerados en determinadas ocasiones, y que sus discursos fueran a menudo absorbidos por la propaganda de los regímenes en el poder, en general fueron violentamente reprimidos.

Los movimientos nacionalistas árabes pretendían desmovilizar y perseguir cualquier voz de izquierdas que intentara reforzar la autonomía de los trabajadores y otras fuerzas sociales. Esta estrategia de desmovilización es también la expresión de otra innovación del nacionalismo árabe: la creación de sindicatos corporativistas y otras federaciones dirigidas por el Estado y presentadas como representantes de la clase obrera, pero que, en realidad, se utilizaron con frecuencia para reprimir las luchas e impedir que surgieran fuera del marco de las estructuras estatales. Del mismo modo, las minorías nacionales fueron a menudo objeto de políticas represivas, como las poblaciones kurdas en Siria e Irak.

No se trata de negar aquí que dichos regímenes pusieran en marcha una serie de medidas que mejoraron el nivel de vida de sus ciudadanos y que abordaran muchas de las penurias sufridas por la población bajo el colonialismo: reforma agraria, seguridad laboral en el sector público y, muy importante, acceso garantizado a los alimentos para los más pobres.

Estas medidas respondían a necesidades sociales reales y fueron utilizadas por los regímenes nacionalistas árabes —así como su retórica antiimperialista— para ganarse el apoyo de las masas en un contexto de sostenida presión desde abajo.

Pero al canalizarse por intermediación del Estado, sin una verdadera participación o control democrático real, estas preocupaciones siempre fueron secundarias frente a los objetivos principales del desarrollo capitalista.

La aplastante derrota de los regímenes sirio y egipcio en la guerra de los Seis Días contra el Estado de Israel de 1967 sonó como el canto del cisne de los movimientos nacionalistas panárabes. Egipto, Siria y otros Estados abandonaron gradualmente sus anteriores políticas sociales radicales y antiimperialistas. Sus métodos de desarrollo capitalista de Estado comenzaron a estancarse. Por consiguiente, optaron por un acercamiento a los países occidentales y a sus aliados de las monarquías del Golfo y adoptaron el neoliberalismo, poniendo fin a muchas de las reformas sociales que les habían valido su popularidad entre obreros y campesinos.

Desde entonces da comienzo un largo periodo de integración en las estructuras de poder estadounidenses y europeas. Esta incorporación en realidad contribuyó a desarrollar las clases capitalistas nacionales, un objetivo buscado por los gobiernos árabes durante décadas. Esto ocurrió gracias a la inserción de dicha clase emergente en los circuitos de acumulación desarrollados por los Estados capitalistas avanzados en toda la región. La integración de Estados como Egipto en la esfera de influencia occidental no representó simplemente un realineamiento político, implicando un cambio en las alianzas de política exterior, sino que era sobre todo indicativo de un proceso de formación de un Estado de clase —un proceso por el que una burguesía sostenida por el Estado reúne a las élites militares y al capital privado nacional para convertirse en socios con un interés común en el nuevo orden neoliberal—.

La aplastante derrota de los regímenes nacionalistas árabes en 1967 desencadenó ante todo una ola de radicalización en la izquierda, que también se inscribía en las dinámicas internacionales[17]. Sin embargo,

---

17 Surgimiento de organizaciones palestinas armadas, el Frente Popular para la Liberación de Palestina (FPLP) y el Frente Democrático para la Liberación de Palestina (DFLP); aparición de nuevas organizaciones de izquierda más radicales en El Líbano, Egipto, Túnez, etc.; la toma del poder en Adén, Yemen, por el Frente Nacional, movimiento de inspira-

la crisis de los regímenes nacionalistas árabes fue profunda y abrirá un espacio político para el desarrollo de movimientos fundamentalistas religiosos. Estos regímenes también se volvieron contra el movimiento nacional palestino buscando compromisos con Israel. Paralelamente, todos los regímenes nacionalistas árabes y otros, como el de Túnez, apoyaron voluntariamente a los movimientos fundamentalistas islámicos o permitieron su desarrollo en contra de grupos nacionalistas y de izquierdas. En Egipto, por ejemplo, tras la muerte de Nasser en 1970, el nuevo régimen dirigido por Anwar el-Sadat estableció una alianza tácita con los Hermanos Musulmanes contra las fuerzas nacionalistas y progresistas del país.

Estados Unidos utilizó su alianza estratégica con Irán (hasta el derrocamiento del Sha en 1979), Israel y Arabia Saudí para dominar la región. Les apoyaron para hacer frente a regímenes nacionalistas árabes como el Egipto de Gamal Abdel Nasser, a los movimientos comunistas y de izquierda de la región y a las diversas luchas populares y nacionales que en general han tenido como objetivo una mayor soberanía, justicia social e independencia para sus países frente a la dominación imperial.

En este marco, Arabia Saudí ha promovido y financiado diversos movimientos fundamentalistas islámicos suníes, en particular los Hermanos Musulmanes,

---

ción marxista surgido del Movimiento Nacionalista Árabe, que inauguró el experimento revolucionario más radical durante este periodo, pero con un impacto limitado debido a la extrema pobreza del país. Apoyados por el Frente Nacional para la Liberación de Yemen del Sur, los guerrilleros omaníes se hicieron marxistas y, en 1968, adoptaron el nombre de Frente Popular de Liberación del Golfo Arábigo Ocupado.

para contrarrestar a los nacionalistas y a la izquierda. Estados Unidos, con la ayuda de sus aliados en la región, incluido Pakistán, ha invertido miles de millones de dólares en entrenar y armar a combatientes y grupos fundamentalistas islámicos desde 1979 en adelante. Sostuvieron a tales grupos, sobre todo en Afganistán, con el objetivo de debilitar a su enemigo de la Guerra Fría, la Unión Soviética. Al Qaeda es un producto de este proceso. El imperialismo estadounidense ayudó a crear el ala más extremista del fundamentalismo islámico, que más tarde se volvería en su contra.

El último acontecimiento significativo que ha alimentado el auge del fundamentalismo ha sido la creciente rivalidad política entre Arabia Saudí e Irán. Cada Estado ha utilizado su fundamentalismo para alcanzar sus objetivos contrarrevolucionarios. Por un lado, lo han utilizado para desviar a las clases trabajadoras de sus objetivos políticos y socioeconómicos, y, cuando se han visto desafiados por movimientos populares de oposición, han intentado dividirlos y someterlos en función de divisiones confesionales. Por otra parte, han utilizado el fundamentalismo religioso para movilizar apoyos, a la vez en su propio país y en los bloques de sus oponentes, para aumentar su poder en la región. Son estas condiciones materiales históricas las que dieron lugar a los fundamentalismos islámicos modernos, tanto suníes como chiíes.

Fundamentalismo islámico y yihadismo

El fundamontalismo religioso no se limita a la religión islámica. Podemos identificar elementos comunes a estos diversos movimientos fundamentalistas religiosos en todo el mundo. Hemos visto el desarrollo de corrientes políticas similares como el fundamentalismo

cristiano, el fundamentalismo hindú y el fundamentalismo judío en Israel, todos los cuales cuentan con su
propia corriente política de derechas. Sin embargo, es
importante señalar que, a pesar de los llamamientos
a volver a una época pasada, a menudo vista como una
"edad de oro", los fundamentalismos no deben verse
como fósiles surgidos del pasado. Aunque utilizan
símbolos y relatos surgidos de épocas anteriores, son
actuales, dinámicos y representativos de las grandes
tendencias contemporáneas, concebidos, entre otras
cosas, para satisfacer necesidades culturales. Su aparición debe situarse plenamente en el contexto político,
económico y social de la época contemporánea.

Es interesante subrayar que, en todo el mundo, los
movimientos fundamentalistas religiosos y conservadores han apoyado las políticas neoliberales a la vez que
abogaban por aumentar las obras de caridad, lo que ha
llevado a algunos investigadores a hablar de una "una
alianza fluida entre neoliberales y fundamentalistas
religiosos", que podría ser calificada de "neoliberalismo
religioso".

El fundamentalismo islámico se deriva de las específicas condiciones políticas y económicas de Oriente
Medio, donde las potencias imperialistas han tenido un
impacto esencial y continuo sobre los Estados y la economía política de la región, como ya se ha explicado
anteriormente.

Los grupos fundamentalistas islámicos utilizan
diversas estrategias y tácticas para alcanzar sus objetivos. Algunos adoptan una estrategia gradualista para
alcanzar sus objetivos políticos, primero en la sociedad y luego en el Estado, mientras que otros recurren

al terrorismo o a su aplicación por la fuerza desde un Estado o embrión de Estado, como ha sido el caso del llamado "Estado Islámico".

Los movimientos de los Hermanos Musulmanes, de Hezbolá o del Da'wa iraquí participan en las elecciones y en las instituciones estatales existentes. Al Qaeda y el Estado Islámico consideran que no se trata de instituciones islámicas y, en su lugar, se vuelven hacia políticas violentas y/o a atentados terroristas con la esperanza de una toma eventual del poder del Estado. Dentro de las tendencias yihadistas también hay debates y divisiones sobre las tácticas y estrategias para lograr el objetivo de establecer un Estado islámico. Según los contextos y periodos históricos, las diferentes corrientes han colaborado, competido o incluso se han enfrentado. Todas las variantes del fundamentalismo islámico comparten un objetivo común reaccionario y confesional de establecer una forma de "Estado islámico basado en la sharia" que preserve el orden capitalista neoliberal existente.

Las diversas Hermandades Musulmanas de la región hablan de "*dawla madaniyya bi-marji'iyya bi-marji'iyya bi-marji'iyya bi-marji'iyya Islamiyya*", es decir, un "Estado civil con un marco de referencia islámico", considerado un primer paso hacia un Estado islámico o un Estado basado en la sharia. Así, por ejemplo, el antiguo adjunto del Guía Supremo del movimiento egipcio de los Hermanos Musulmanes y considerado en su momento el número dos de la organización,

Muhammad Khairat al-Shater, declaraba, en marzo de 2011, tras el derrocamiento del dictador Hosni Mubarak:

> Los Ikhwan trabajan para restaurar el Islam en su concepción global para la vida de las personas, y creen que esto sólo puede lograrse a través de una sociedad fuerte. Así que la misión está clara: restaurar el Islam en su concepción global; someter a la gente a Dios; establecer la religión de Dios; la islamización de la vida, reforzar la religión de Dios; establecer el renacimiento (*Nahda*) de la *Ummah* (comunidad o nación musulmana) sobre la base del Islam. [...] Así hemos aprendido [para empezar] a construir al individuo musulmán, la familia musulmana, la sociedad musulmana, el gobierno islámico, el Estado islámico global.

La ideología de los Hermanos Musulmanes sigue profundamente arraigada en el fundamentalismo religioso, donde no hay separación entre religión y Estado y donde las leyes funcionan en el marco de la sharia. Podemos encontrar declaraciones similares entre las fuerzas fundamentalistas islámicas chiíes, como por ejemplo el Hezbolá libanés, que ha declarado en repetidas ocasiones su oposición a cualquier forma de ley civil sobre el estatuto personal junto a la ley de estatuto islámico, y ha declarado que tales propuestas son anti islámicas. A día de hoy el Estado Islámico sigue siendo su sistema político preferido, aunque no puede aplicarlo en la práctica en el Líbano debido a la diversidad confesional del país.

A pesar de sus diferencias estratégicas, todos estos movimientos comparten un programa político y una visión de la sociedad reaccionarios y autoritarios. Esto se aprecia clara y marcadamente en su actitud hacia las mujeres. Todas las corrientes del fundamentalismo islámico promueven una visión sexista que apoya la dominación masculina y reduce a las mujeres a papeles subordinados en la sociedad. En primer lugar y ante todo, definen la "maternidad" y la educación de la próxima generación, basada en principios islámicos, como la función principal de la mujer. Imponen códigos de vestimenta y pautas de comportamiento que supuestamente preservan el honor de la mujer y de la familia.

Cualquier desviación de estas normas y restricciones se considera una concesión al imperialismo cultural occidental por los movimientos fundamentalistas islámicos. El académico marxista Adam Hanieh afirma:

> Estas restricciones conservadoras sobre el papel de la mujer son parte integrante de los objetivos contrarrevolucionarios al más amplio nivel, [y concluye acertadamente que] la posición de la mujer es, por tanto, un barómetro clave de la salud del proceso revolucionario.

Los fundamentalistas islámicos tienen opiniones reaccionarias similares sobre las poblaciones LGBTQI. Por ejemplo, el líder de Hezbolá Hassan Nasrallah, ha acusado a los homosexuales de "destruir las sociedades". Describió a las personas LGBTQI como una importación extranjera que amenazaría a la sociedad islámica con la desviación moral de estilos de vida extranjeros. En julio de 2023, Nasrallah incitó explícitamente a la violencia contra gays y lesbianas, llamando a su asesinato.

Del mismo modo, el jeque salafista egipcio Youssef Qardawi, auténtico referente de los Hermanos Musulmanes egipcios, ha descrito repetidamente a las gentes LGBTQI como "pervertidos sexuales" y ha pedido su castigo colectivo, incluido el asesinato. Por último, los movimientos fundamentalistas islámicos han puesto en su punto de mira a las minorías religiosas en sus propios países y promovido discursos y comportamientos confesionales contra ellas. El Estado Islámico ha llevado a cabo campañas de asesinatos, violencia y represión contra los cristianos, yezidíes y otras minorías religiosas en los territorios que ha ocupado en Irak y Siria. Sus combatientes también han lanzado ataques terroristas contra los coptos en Egipto y los chiíes en Irak.

A pesar de la visión reaccionaria del mundo, común a los movimientos fundamentalistas, los socialistas[18] deben diferenciar no obstante entre las corrientes gradualistas de los movimientos fundamentalistas islámicos, como Hezbolá y los Hermanos Musulmanes, por un lado, y los grupos yihadistas como Al Qaeda y el Estado Islámico, por otro. Estos movimientos no son lo mismo, y los socialistas deben abordarlos y tratarlos diferenciadamente[19].

Del mismo modo, los socialistas deben ser cuidadosos y no confundir el Islam con el fundamentalismo

---

18 Véase la nota 1.
19 Es posible imaginar una unidad de acción con las corrientes gradualistas en determinados objetivos concretos a corto plazo. Los socialistas podían y, de hecho, colaboraron con los Hermanos Musulmanes en la plaza Tahrir de El Cairo durante los dieciocho días de movilización de masas contra el dictador Mubarak. Es sencillamente imposible prever una colaboración similar con Al Qaeda y el Estado Islámico. En Siria, estos grupos atacaron a activistas y manifestantes por gritar consignas democráticas y no confesionales. Sin embargo, los socialistas no deberían proseguir sus alianzas políticas a largo plazo con las corrientes gradualistas de los movimientos fundamentalistas islámicos, sobre todo cuando son mucho más grandes. El peligro en tal situación es que queden bajo la férula de un movimiento reaccionario más poderoso y, en lugar de ganar adeptos, se los proporcione a este último en el mejor de los casos, en detrimento de una alternativa progresista.

islámico. Debemos hacer una clara distinción entre la religión islámica y los grupos fundamentalistas. Si no lo hacemos, corremos el riesgo de caer en la islamofobia propagada por las clases dirigentes estadounidenses y europeas y sus medios de comunicación. La islamofobia es una forma de racismo dirigido contra las poblaciones musulmanas.

Desde los albores del siglo XX, la base social histórica del fundamentalismo islámico ha sido la pequeña burguesía. Por supuesto, las formaciones fundamentalistas de cada país tienen su propia historia particular, pero todas comparten raíces en los diversos componentes de la pequeña burguesía.

Como la pequeña burguesía en general, las organizaciones fundamentalistas islámicas se mueven en dos direcciones: hacia la rebelión contra la sociedad existente y hacia el compromiso con ella. En cualquier caso, su proyecto reaccionario no ofrece ninguna solución a los sectores del campesinado y de los trabajadores que atraen. Los partidos fundamentalistas islámicos pretenden restablecer la *ummah*, una entidad religiosopolítica que reúna a todos los musulmanes y trascender así los antagonismos que los dividen hoy. La lucha de clases se ve por tanto como algo negativo, puesto que fragmenta dicha *ummah*.

Con el tiempo, los dirigentes pequeñoburgueses de los movimientos fundamentalistas han profundizado cada vez más sus vínculos con la burguesía, incluso cuando han intentado preservar su base de apoyo entre diversas clases sociales. Arabia Saudí ha desempeñado un papel clave en este proceso. Ha proporcionado a los Hermanos Musulmanes egipcios y a otros un acceso

privilegiado a oportunidades empresariales y profesionales durante el *boom* petrolero de los años setenta
y ochenta. Esto aceleró el proceso de aburguesamiento
de los fundamentalistas. Cada vez más capitalistas
empezaron a desempeñar un papel destacado en el seno
del movimiento. Los servicios secretos egipcios identifi-
caron a alrededor de 900 empresas propiedad de miembros de los Hermanos Musulmanes en el país antes de
levantamiento popular de 2011.

En el Líbano, Hezbolá ha sufrido una transformación
similar. En sus orígenes tenía una dirección y unos cuadros procedentes en gran medida de la pequeña burguesía y atrajo a una base social popular entre las clases
medias chiíes libanesas y los pobres. Con el tiempo,
una fracción chií de la burguesía en el Líbano y en la
diáspora se hizo cada vez más influyente en el partido. Hezbolá cuenta ahora con una importante base de
apoyo entre los empresarios chiíes libaneses, así como
entre las clases medias-altas, en particular entre los profesionales liberales.

Sus fuentes de financiación, cada vez más burguesas, explican el apoyo de los fundamentalistas al sistema capitalista y a su régimen de acumulación neoliberal actual. Reciben cuantiosas donaciones, no sólo de
diversos Estados, sino también de religiosos privados
(la *zakat*): redes privadas formadas por sectores burgueses y pequeñas empresas. Por ejemplo, Hezbolá recibe
una financiación masiva de Irán, así como de la burguesía y la pequeña burguesía chií libanesa.

Hezbolá también recibe donaciones de particulares,
de grupos, de almacenes, de empresas y de bancos, así
como de sus homólogos en países como Estados Unidos,

Canadá, América Latina, Europa y Australia. Como resultado de su proceso de aburguesamiento, Hezbolá posee decenas de supermercados, gasolineras, grandes almacenes, restaurantes, empresas de construcción y agencias de viajes. Se constatan dinámicas similares en determinadas ramas de los Hermanos Musulmanes. Todas ellas favorecen la integración de los fundamentalistas en el orden existente.

Las tensiones entre una dirección cada vez más burguesa de los fundamentalistas, por un lado, y su base social entre las capas empobrecidas pequeño-burguesas y del campesinado y los asalariados, por otro, han hecho aflorar contradicciones entre su programa y sus actividades políticas. Por un lado, profesan un compromiso con la igualdad y la justicia social, que abordan principalmente a través de medidas tomadas desde arriba: proyectos de beneficencia y caridad. Por otro lado, defienden los principios económicos neoliberales y denuncian a los movimientos sociales desde abajo, en particular los movimientos sindicales[20].

Dichas contradicciones tienen un impacto directo en la teoría y la práctica del fundamentalismo. Por ejemplo, el fundador de los Hermanos Musulmanes sirios, Mustafa al-Sibai, ha sostenido que "el socialismo del Islam conduce necesariamente a la solidaridad entre las diferentes categorías sociales y no a la guerra entre clases, como el comunismo". Su libro *Socialismo del*

---

[20] Durante el proceso revolucionario en Egipto y Túnez, los Hermanos Musulmanes, una vez en el poder, atacaron a los trabajadores y a los sindicatos, al tiempo que promovían políticas neoliberales. Del mismo modo, en el Irak ocupado después de 2003, los sucesivos gobiernos, dominados por el partido fundamentalista chií Dawa, han reprimido a sindicalistas, asalariados y manifestaciones sociales.

Islam, escrito en 1959, propone la idea de que la igualdad social puede alcanzarse apelando a la obligación moral del individuo de dar a los pobres en lugar de a través del gobierno y de reformas gubernamentales y sociales como la fiscalidad progresiva, la nacionalización o el establecimiento de un Estado del bienestar. La visión de Sibai en pos del socialismo islámico era, sin embargo, una maniobra puramente retórica ligada a la creciente influencia de los baasistas y los comunistas en el país.

Con la menguante influencia del nacionalismo árabe y de la izquierda, los pensadores fundamentalistas islámicos abandonaron simultáneamente la retórica radical y subrayaron cada vez más que la solución a la pobreza residía en el retorno a los valores y la tradición islámicos. Rached Ghannouchi, el jefe de Ennahda, un movimiento islámico tunecino basado en parte en la ideología del movimiento de los Hermanos Musulmanes, ha afirmado, por ejemplo, lo siguiente:

> Debemos subrayar que la pobreza, a los ojos del Islam, está ligada al descreimiento. [Y añade:] Nosotros (los movimientos islámicos fundamentalistas) somos los garantes de un orden social particular y de un régimen económico liberal.

Una tendencia similar se observa entre las personalidades fundamentalistas islámicas chiíes. Por ejemplo, durante la Revolución iraní, Jomeini[21] presentó al Islam

---

21 Nacido el 24 de septiembre de 1902 y fallecido el 3 de junio de 1989 en Teherán, fue un dignatario religioso chií y guía espiritual de los musulmanes chiíes. Líder y guía espiritual de la revolución islámica de 1979 que derrocó al Sha de Persia. Instauró una teocracia chií en Irán que ha perdurado hasta nuestros días. [N. del E.]

como algo que hacía hincapié en la justicia social, alabando a los pobres oprimidos y condenando a los ricos, a los habitantes de lujosos palacios y a sus mecenas extranjeros. Utilizó esta retórica para movilizar a las clases trabajadoras urbanas contra el régimen del sha en una época en que la influencia de las corrientes de izquierda era significativa.

Tras la consolidación de su nuevo régimen islámico y la represión de los movimientos de izquierda rivales, Jomeini, el primer Líder de la República Islámica de Irán, y su movimiento abandonaron dicha retórica igualitaria en favor del libre mercado y la propiedad privada como pilares esenciales de la sociedad. Transformó su definición de los "oprimidos" de una categoría económica que englobaba a las masas empobrecidas a un apelativo político que englobaba a los partidarios del régimen, sobre todo a los ricos comerciantes del bazar. También subrayó que el régimen buscaba relaciones armoniosas entre propietarios de fábricas y obreros y entre propietarios agrícolas y campesinos. El régimen consideraba incluso que la reforma agraria no debía restringir los derechos de propiedad, ya que ello sería contrario a los derechos a la propiedad privada consagrados en la sharia.

Los movimientos fundamentalistas islámicos han apoyado las políticas neoliberales y creado organizaciones caritativas para llenar el vacío dejado por la destrucción de los programas y servicios sociales del Estado del bienestar. Utilizan dichas organizaciones para ganarse el apoyo de las clases trabajadoras a su proyecto reaccionario. El movimiento de los Hermanos Musulmanes es quizás el mejor ejemplo de esta política. Hassan Malek, un hombre de negocios y alto dirigente de los Hermanos

Musulmanes, había declarado en 2012 que las políticas del ex dictador Hosni Mubarak era buenas, pero que la corrupción y el nepotismo habían comprometido su aplicación. Reconociendo un aliado potencial, el banco de inversión de El Cairo, EFG-Hermes, organizó una reunión en junio de 2011 entre catorce fondos de inversión internacionales y Khairat al-Shater, primer adjunto del entonces Guía Supremo de los Hermanos Musulmanes de la época, encarcelado en la actualidad. Los inversores afirmaron que "se sorprendieron positivamente al constatar que algunas de las idees compartidas por el movimiento de los Hermanos Musulmanes son esencialmente de naturaleza capitalista".

El partido libanés Hezbolá también ha apoyado sistemáticamente el libre mercado y la propiedad privada, al tiempo que afirmaba retóricamente su compromiso con los objetivos de justicia social. Hezbolá ha apoyado políticas como la privatización, la liberalización y la apertura al capital extranjero. El movimiento islámico libanés no considera en modo alguno que dichas políticas sean contradictorias con su supuesto compromiso con la igualdad social, a pesar de la depauperación resultante de las clases populares.

Los fundamentalistas han utilizado organizaciones caritativas en un intento de reducir el impacto social del neoliberalismo. Aunque impotentes para abordar el problema de la pobreza, los fundamentalistas las han utilizado para lograr una forma de hegemonía entre ciertos sectores de las clases populares. No han dudado en alcanzar pactos con los regímenes en el poder para que destinen fondos a sus organizaciones benéficas que promueven los principios fundamentalistas islámicos. En Egipto, mientras el régimen ha puesto en cuestión el Estado del bienestar, los Hermanos Musulmanes han utilizado su vasta red de organizaciones caritativas para difundir sus principios fundamentalistas entre las clases trabajadoras.

A su vez, Hezbolá ganó liderazgo entre los chiíes del Líbano mediante una combinación de consentimiento y coacción, ganándose el apoyo generalizado de amplios sectores populares chiíes mediante la prestación de servicios sociales esenciales, por un lado, y reprimiendo a aquellos que desafían sus normas morales y dictados políticos, por otro. También ha combinado consentimiento y coerción mediante el control de la resistencia armada contra Israel. Con su ideología fundamentalista, Hezbolá ha logrado convertirse así en la fuerza dominante entre los chiíes del Líbano.

Las potencias imperialistas y regionales han utilizado a los fundamentalistas para aumentar su influencia y disminuir la de sus adversarios en Oriente Medio. Irán ha apoyado a Hezbolá en el Líbano y a organizaciones fundamentalistas islámicas chiíes como Dawa en Irak. Arabia Saudí apoyó a los Hermanos Musulmanes hasta 1991, y luego a diversos movimientos salafistas tres la ruptura. Qatar sustituyó a Arabia Saudí como principal partidario de los Hermanos Musulmanes después de 1991, aunque también financió a otras organizaciones salafistas. Estos Estados capitalistas no apoyan a los fundamentalistas por motivos religiosos, sino como medio para incrementar su poder regional, debilitar a sus adversarios y reprimir a los movimientos sociales democráticos desde abajo.

Las potencias imperialistas también han apoyado a los movimientos fundamentalistas para sus propios fines. Estados Unidos estuvo a favor de la elección de los Hermanos Musulmanes al gobierno de Egipto y en Túnez al comienzo de los levantamientos populares del MONA, apoyó a los fundamentalistas al considerarlos un medio para estabilizar y preservar el orden existente bajo una nueva dirección. Washington podría haberse hecho suyo el aforismo de Tancredi en el libro *El gatopardo*, de Giuseppe Tomasi di Lampedusa: "Si queremos que todo siga como está, es necesario que todo cambie".

También es un error considerar al fundamentalismo una expresión desviada o descarriada del antiimperialismo. Los fundamentalistas tienen una concepción religiosa del mundo, y en particular pretenden volver a una "edad de oro" mitificada del Islam para explicar el mundo contemporáneo y resolver sus problemas. En primer lugar, debemos criticar la idea de que la liberación y el desarrollo de los países árabes dependan principalmente de la afirmación de una identidad islámica que se presenta como permanente y eterna. Esta visión es relativamente reaccionaria desde el punto de vista analítico y entra en clara contradicción con los movimientos anti imperialistas del pasado. Los movimientos nacionalistas tercermundistas y socialistas lucharon por una progresiva transformación social de las estructuras socioeconómicas de opresión y dominación; los fundamentalistas plantean la lucha como una batalla entre culturas y religiones.

Los movimientos fundamentalistas islámicos consideran el imperialismo como un conflicto entre Satán y los fieles oprimidos, y no como tradicionalmente lo han visto los nacionalistas y socialistas, a saber, una lucha entre las grandes potencias capitalistas y los países oprimidos. A este respecto, los fundamentalistas islámicos se hacen eco de la concepción de Samuel Huntington del mundo[22] como escenario de un "choque de civilizaciones" en el que la lucha contra Occidente se basa en el rechazo de su sistema religioso más que en unas relaciones internacionales basadas en la explotación.

Del mismo modo, ha habido —y sigue habiendo— puntos en común entre la teología de la liberación y los movimientos fundamentalistas islámicos. Sin embargo, estos últimos no son de la misma naturaleza y sus objetivos son distintos: la teología de la liberación no es tanto una expresión de identidad cultural —en el sentido de autopreservación frente a "otra" dominación occidental, como los movimientos fundamentalistas islámicos—, sino que está mucho más arraigada en un discurso de desarrollo y emancipación de las clases subalternas. Este discurso ha movilizado principalmente a los pobres y explotados, mientras que los movimientos fundamentalistas islámicos tienden a dirigirse a las clases medias educadas y a la pequeña burguesía como principales agentes del cambio político. Los movimientos fundamentalistas islámicos se proponen principalmente islamizar la sociedad, la política y la economía, mientras que los teólogos de la liberación nunca han tenido la intención de cristianizar la sociedad, sino más bien de transformarla desde el punto de vista de los oprimidos.

En realidad, las diversas fuerzas fundamentalistas islámicas son la segunda ala de la contrarrevolución,

---

22 Profesor estadounidense de ciencias políticas, conocido por su libro *El choque de civilizaciones*, publicado en 1996. [N. del E.]

siendo la primera los regímenes autoritarios y despóticos existentes. Su ideología, su programa político y su práctica son reaccionarios y totalmente opuestos a los objetivos de la emancipación revolucionaria, que son la democracia, la justicia social y la igualdad. Sus políticas son condenables para los grupos más conscientes de trabajadores y capas oprimides, como las minorías religiosas, las mujeres, las personas LGBTIQ, entre otros.

Diversidad étnica y religiosa e instrumentalización del confesionalismo

Los principales elementos arcaicos de la región MONA que influyen en la dominación política y el Estado son el tribalismo, el regionalismo y el confesionalismo. Sin embargo, no debe buscarse una explicación de la persistencia de estos factores en el "excepcionalismo" árabe o islámico, sino que debe vincularse a la dinámica del desarrollo desigual y combinado bajo el sistema capitalista. Los agentes de la modernización, ya sean extranjeros o locales, han utilizado ellos mismos dichos factores arcaicos para consolidar su propio poder. Al carecer de legitimidad popular, los diversos regímenes de la región han alimentado generalmente clientelas tribales, confesionales y/o regionales como garantía y arsenal de poder contra los levantamientos populares. Tampoco hay que olvidar que se trata de países dominados, países de la periferia, en este sistema imperialista mundial caracterizado en primer lugar por un desarrollo desigual y combinado. Las estructuras y las categorías sociales arcaicas se entremezclan con un tipo moderno de estratificación social en el que las formas arcaicas de dominación se entremezclan con instituciones políticas modernas. En un plano más regional, el aumento de las tensiones sectarias desde 1979 se debe principalmente a la creciente rivalidad política entre Arabia Saudí e Irán, que las han utilizado con fines políticos. Dicha rivalidad estimuló los movimientos fundamentalistas islámicos suníes y chiíes en toda la región.

Varios regímenes autoritarios y despóticos de la región también han recurrido al confesionalismo para consolidar su poder y dividir a sus poblaciones. El confesionalismo también se utiliza para distraer a las clases populares de los problemas socioeconómicos y políticos, estigmatizando a uno u otro grupo étnico como la fuente de los problemas del país y como amenaza para la seguridad, lo que conduce a políticas represivas y discriminatorias contra ellos.

El elemento clave es comprender que el confesionalismo es un producto de la modernidad y no una reminiscencia de la historia pasada que impide la modernización de estos países o que toque algo esencial para los pueblos de la región. El confesionalismo debe verse como una herramienta utilizada por las élites políticas para intervenir ideológicamente en la lucha de clases, reforzar su control sobre las clases trabajadoras y mantenerlas subordinadas a sus líderes confesionales. En este sentido, el confesionalismo debe ser considerado como un elemento constitutivo y activo de las actuales formas de poder estatal y de clase. Este enfoque nos invita a reconocerlo como un producto de los tiempos modernos y no como una supuesta tradición cultural.

IV. EL MOVIMIENTO NACIONAL PALESTINO, LA OLP, HAMÁS Y LA ESTRATEGIA DE LOS PARTIDOS POLÍTICOS PALESTINOS

Después de la *Nakba*, varios palestinos se implicaron en organizaciones políticas panarabistas. El Movimiento Nacionalista Árabe (MNA) iba a desempeñar un papel especialmente importante en la región. La organización tiene sus orígenes en la Universidad Americana de Beirut, con el profesor sirio Constantin Zureik, ardiente defensor del panarabismo. La dirección del Movimiento estaba formada por seis estudiantes de dicha universidad: dos palestinos, Georges Habache y Waddi Haddad, un libanés, Salah Chabal, un iraquí, Hamed Jbouri, un kuwaití, Ahmed El-Khatib, y un sirio, Hani El-Hindi. El MNA se hará un hueco en varios países árabes, entre ellos Yemen del Sur, donde participó en la lucha contra las fuerzas de ocupación británicas entre 1963 y 1967. El movimiento se fue haciendo pro-nasserista a medida que crecía la popularidad de Nasser en el mundo árabe. En 1967, la derrota de la Guerra de los Seis Días tuvo un impacto devastador en el prestigio del líder egipcio y tuvo repercusiones políticas en el MNA, en particular en la dependencia de la organización de los regímenes árabes para resolver la cuestión palestina. Ello conducirá a la fundación del Frente Popular para la Liberación de Palestina (FPLP) en 1967[1]. Aunque no era el mayor grupo palestino, el FPLP se convirtió rápidamente en el más dinámico, una condición que mantuvo durante varios años.

En todos los países de la región, tras la derrota de la Guerra de los Seis Días, se levantó una fuerte ola de radicalización, afectando particularmente a los jóvenes, como parte de la ola mundial que culminó en 1968. La expresión más visible de esta radicalización en Oriente Medio fue la rapidísima expansión de las organizaciones de lucha armada entre los refugiados palestinos, en Jordania en primer lugar, y su posterior toma de control de la OLP. Al Fatah se convirtió en el actor más importante de la escena política palestina. Al Fatah fue fundada en 1959 en Kuwait por ingenieros, profesores y otros profesionales liberales, encabezados por Yasser Arafat. El núcleo se había reunido previamente en la Franja de Gaza y en las universidades de El Cairo. Al Fatah era resueltamente no ideológico en su orientación política, en comparación con el FPLP y otros grupos

---

1 Además del FPLP, el experimento de la MNA continuará con la creación de ramas regionales como:
- el Frente de Liberación Nacional de Yemen del Sur, que encabezará la República Democrática Popular de Yemen, creada en 1967. Esta República proporciona una base de retaguardia para organizaciones palestinas y apoya al Frente de Liberación de Dhofar en Omán, que lucha, contra el Sultán, aliado de los británicos, desde 1963.
- la Organización de Socialistas Libaneses (OSL), fundada en 1969 por militantes del MNA en torno a Mohsen Ibrahim. Un año más tarde crearon la Organisation d'Action Communiste au Liban (OACL); símbolo de la nueva izquierda, reunía a antiguos militantes del MNA, partidarios del Líbano socialista, disidentes de la Unión de Comunistas Libaneses, maoístas y trotskistas.

palestinos abiertamente de izquierdas. En el momento de su fundación, Al Fatah fue una reacción tanto contra la orientación nacionalista árabe de grupos como el MAN y el Partido Baaz, y contra grupos comunistas, de izquierdas o fundamentalistas islámicos como los Hermanos Musulmanes, que propugnaban el cambio social antes de poder librar una lucha contra Israel (véase más abajo). El llamamiento de Al Fatah a los y las palestinas a emprender una acción militar directa e inmediata, así como su posición en gran medida no ideológica fueron algunos de los principales factores que le permitieron convertirse rápidamente en la facción política más importante.

OLP y Al Fatah, algunas fechas

1964 - Creación de la Organización para la Liberación de Palestina (OLP) por la Liga de Estados Árabes bajo la tutela de Egipto en un intento de independizar el activismo palestino.

1965 - Primera operación armada de Al Fatah en territorio israelí.

1967-1968 - La derrota de la Guerra de los Seis Días provoca una crisis en el seno de la OLP. La organización se radicaliza, adopta una nueva carta nacional en julio de 1968 e integra a las diversas organizaciones armadas palestinas.

1969 - Las organizaciones palestinas obtienen su autonomía en relación con los países árabes. Al Fatah toma el control de la OLP y Yasser Arafat se convierte en su líder. Permanece al frente hasta su muerte en 2004.

Se impone en la OLP la estrategia de lucha popular armada propugnada por Al Fatah. La OLP se apoyó en sus bases en Jordania y en células clandestinas en los Territorios Palestinos Ocupados (TPO) para lanzar operaciones militares contra el poderío económico y militar de Israel.

Sin embargo, en 1970 se produjo un enfrentamiento con el rey Hussein de Jordania, quien lanzó una feroz represión contra las organizaciones palestinas, que prácticamente habían constituido un contrapoder.

Tras su expulsión de Jordania en 1971, la OLP se trasladó al Líbano. Este fue el último país donde tuvo autonomía militar. Fue reconocida por los países árabes en 1973 y 1974 como única representante del pueblo palestino.

Inicialmente, y hasta 1973, el programa de la OLP tenía como objetivo la liberación de toda Palestina y la creación de un Estado democrático en el que coexistieran musulmanes, cristianos y judíos, al tiempo que reconocía la necesidad de destruir las estructuras estatales del Estado de Israel y la integración de su población en el nuevo Estado[2].

A partir de 1974, bajo el impulso de Al Fatah y del Frente Democrático para la Liberación de Palestina

---

2 Esto supuso un cambio significativo con respecto a la carta nacional inicial de 1964, adoptada por la OLP en aquel momento bajo tutela egipcia, que declaraba que Palestina era un país árabe en el que los derechos nacionales pertenecían únicamente a los residentes de antes de 1917 y a sus

(FDLP), la OLP propuso la creación de un Estado palestino en Cisjordania y la Franja de Gaza. Sin reconocimiento *de jure* del Estado de Israel —al que la OLP se negaba— este nuevo objetivo suponía la coexistencia *de facto* de dos Estados. El FPLP rechazó este cambio de rumbo, abandonó el Comité Ejecutivo de la OLP y formó el Frente Rechacista. El enfrentamiento duró tres años y concluyó en 1977 con la victoria de las fuerzas palestinas dominadas por Al Fatah. El hecho de que el ejército israelí ocupara su territorio supuso una ruptura y una derrota para la OLP. Con Palestina ocupada, la dirección palestina se encontró, por primera vez desde la guerra de 1967, fuera de sus propias fronteras. Fue en este contexto de crisis e incertidumbre en el que resurgieron los debates sobre las opciones estratégicas de la OLP. En noviembre de 1988 hubo un cambio de orientación de la OLP. Proclamó el Estado palestino, aceptó las resoluciones 242 y 338 de la ONU y tomó la decisión de principio de crear un gobierno provisional llegado el momento. La aceptación de la resolución 242 fue un gesto hacia las potencias occidentales, en particular hacia Estados Unidos. Fue rechazada de nuevo por una serie de grupos, incluido el FPLP.

Hamás
Hamás —acrónimo árabe del Movimiento de Resistencia Islámica— fue creado oficialmente en diciembre de

---

descendientes. El grupo incluía a los judíos que vivían en Palestina en ese momento, pero no a los que habían emigrado después de la Declaración Balfour, que por tanto se verían obligados a marcharse.

1987[3], al comienzo de la primera *Intifada* palestina[4]. Sin embargo, sus raíces se remontan a los Hermanos Musulmanes egipcios, activos en la Franja de Gaza desde la década de 1940, y a la asociación *al-Mujamma al-Islami*, fundada por el jeque Ahmed Yassin en 1973 en Gaza y legalizada por la administración militar de ocupación israelí en 1979. *Al-Mujamma al-Islami* fue creada por la rama de los Hermanos Musulmanes y les sirvió de fachada en Gaza. (Véase el capítulo siguiente para más detalles).

El derecho a la resistencia

Como cualquier otra población sometida a la ocupación colonial y al *apartheid*, los y las palestinas tienen derecho a resistir, inclusive por medios militares[5].

Durante la última guerra israelí contra la Franja de Gaza ocupada, que se inició en octubre de 2023, las potencias occidentales, desde Estados Unidos hasta los Estados miembros de la UE, condenaron el ataque y proclamaron "el derecho de Israel a defenderse". Estas posiciones dan luz verde oficial a Israel para lanzar una nueva guerra asesina contra los palestinos, mientras se multiplican los llamamientos a declarar "terrorista"

---

3 El 14 de diciembre es la fecha de la fundación formal de Hamás, acrónimo árabe de Movimiento de Resistencia Islámica, *Harakat al-muqâwama al-islamiyya*. Habría que esperar dos meses para que este acrónimo fuera plenamente validado y ocho para que se adoptara la carta de Hamás.

4 También conocida como la Guerra de las Piedras, se refiere al periodo de conflicto entre los palestinos de los territorios ocupados e Israel, entre el 9 de diciembre de 1987 y el 13 de septiembre de 1993, cuando se firmaron los Acuerdos de Oslo. [N. del E.]

5 Del mismo modo, no deben condenarse las armas enviadas a la resistencia palestina desde Estados autoritarios; desde un punto de vista táctico, esta contribución a la resistencia es útil e indiscutible. El debate aquí se refiere a las opciones estratégicas tomadas por las organizaciones palestinas.

a Hamás. En efecto, según la lógica israelí y occidental, es el ocupante colonial quien tiene el legítimo derecho a la autodefensa, mientras que el pueblo palestino, colonizado y oprimido, sería el agresor a destruir.

Todo esto forma parte de la larga y continua historia colonial e imperial de Estados Unidos y los Estados europeos, que niegan la resistencia a los oprimidos y caracterizan a quienes luchan contra la ocupación colonial y/o las estructuras autoritarias como terroristas que deben ser aplastados violentamente. Este fue el caso del FLN en Argelia, el Congreso Nacional Africano, el Ejército Republicano Irlandés, la OLP antes de los Acuerdos de Oslo, el Partido de los Trabajadores del Kurdistán y la lista continúa.

Esto es especialmente cierto en el caso de la lucha por la liberación de Palestina y, más concretamente, de la Franja de Gaza ocupada, una prisión a cielo abierto sometida a un bloqueo asesino desde hace más de 15 años. El pueblo de Gaza se ha enfrentado a una sucesión de terribles guerras libradas por el ejército israelí de ocupación desde 2008, miles de personas han muerto y se ha sembrado una destrucción considerable en todo el territorio. Las manifestaciones hacia la barrera de separación israelí, en su mayoría pacíficas, conocidas también como la "Gran Marcha del Retorno", fueron organizadas por jóvenes manifestantes en los últimos meses, y antes de ello también en 2018-19. Todas ellas han sido violentamente reprimidas por el ejército de ocupación israelí, utilizando fuego real, gases lacrimógenos e incluso ataques aéreos. Muchas personas que murieron o resultaron heridas entre los manifestantes fueron calificadas de terroristas.

En este contexto, los requerimientos de los gobiernos occidentales y de los principales medios de comunicación de condenar las acciones de Hamás (o, en el pasado, de cualquier otra organización palestina perteneciente a la OLP) no son ninguna sorpresa, sino que se inscriben, por desgracia, en el orden de cosas que se desprende de la dinámica de las alianzas políticas con el Estado de Israel. Siguiendo esta misma lógica, se han multiplicado e intensificado los llamamientos de las principales élites políticas de Occidente a condenar y considerar terrorista a toda persona que no apoye al Estado de Israel. Esta ofensiva político-mediática pretende igualmente equiparar la lucha contra el sionismo y el Estado de Israel con una forma de antisemitismo, con el fin de permitir la posible persecución, procesamiento y disolución de organizaciones y asociaciones por "apología del terrorismo".

El objetivo de esta ofensiva es también atacar a los movimientos de izquierdas y antirracistas, que suelen estar muy implicados en la solidaridad con Palestina.

Quienes militan por la liberación y la emancipación del pueblo palestino deben recordar el derecho a la resistencia de los oprimidos frente a un régimen colonial y de *apartheid*. En efecto, como cualquier otra población que se enfrenta a las mismas amenazas, los palestinos gozan de dicho derecho, inclusive recurriendo a medios militares. Por supuesto, esto no debe confundirse con el apoyo a las perspectivas y orientaciones políticas de los diversos partidos políticos palestinos —incluido Hamás— ni con ningún tipo de acción militar llevada a cabo por dichos actores, incluida la matanza indiscriminada de un gran número de civiles. Pero, una vez más, la crítica a las estrategias políticas y armadas de los partidos políticos palestinos no debe hacerse, sin embargo, a expensas del derecho inalienable a la resistencia, tanto pacífica como armada al Estado colonial, racista y de *apartheid* de Israel.

Para el Estado israelí, la cuestión importante no es la naturaleza de tal o cual acto concreto de resistencia por parte de los palestinos, ya sea pacífico o armado, ni tan siquiera su ideología, sino el hecho mismo de contestar las estructuras de ocupación y colonización. Estos actos serán criminalizados y reprimidos. Desde antes de la existencia de Hamás hasta hoy, todas las facciones de la OLP, desde las organizaciones de izquierda hasta Al Fatah, todos los progresistas y demócratas palestinos, así como los civiles sin una ideología clara, han sufrido la represión israelí.

Más allá de las fronteras de la Palestina ocupada, la solidaridad con la lucha palestina y el apoyo a la campaña de Boicot, Desinversión y Sanciones (BDS) (véase más abajo) se criminaliza cada vez más en los países occidentales. Esto debe entenderse en un objetivo más amplio de persecución de las políticas progresistas y de izquierdas —como hemos visto en el Reino Unido, Francia, Alemania y Estados Unidos— e intentos de reducir los derechos democráticos en estas sociedades.

Es más, resulta muy importante situar el ataque armado de Hamás en el contexto colonial histórico de Palestina. Israel siempre ha sido un proyecto puramente colonial. Con el fin de establecer, mantener y extender su territorio, el Estado ha procedido a una limpieza étnica de los y las palestinas, con la expulsión de sus tierras y sus hogares, lo que condujo a la *Nakba*.

En términos más generales, la violencia utilizada por el opresor para mantener sus estructuras de dominación y subyugación nunca debe ser comparada o equiparada con la violencia del oprimido que trata de restablecer su propia dignidad y que busca el reconocimiento de su existencia.

Nelson Mandela, que pasó de ser un terrorista a una personalidad internacionalmente reconocida y aclamada, decía con frecuencia durante sus negociaciones con el régimen sudafricano del *apartheid*:

Respondí que el Estado era responsable de la violencia y que siempre es el opresor, y no el oprimido, quien dicta la forma de la lucha. Si el opresor utiliza la violencia, los oprimidos no tienen más remedio que responder con violencia. En nuestro caso, se trataba simplemente de una forma legítima de autodefensa.

Al igual que cualquier colonizador o toda fuerza de ocupación a lo largo de la historia, la naturaleza del Estado israelí y sus políticas han creado las condiciones para el tipo de acciones que tuvieron lugar el 7 de octubre de 2023.

Estrategia y límites

El apoyo al derecho de los palestinos a la resistencia no debe confundirse con el apoyo a las perspectivas políticas de los distintos partidos políticos palestinos. Ninguno de estos partidos—Al Fatah, Hamás, la Yihad

Islámica, FPLP, FDLP y otros— proponen una estrategia política que pueda conducir a la liberación de Palestina.

Los partidos políticos palestinos dominantes no consideran a las masas palestinas, las clases trabajadoras de la región y los pueblos oprimidos como fuerzas capaces de conquistar su liberación. En lugar de ello buscan en cambio alianzas políticas con las clases dominantes de la región y sus regímenes para apoyar su lucha política y militar contra Israel. Colaboran con dichos regímenes y abogan por la no intervención en sus asuntos políticos, aunque opriman a sus propias clases populares y a los y las palestinas dentro de sus propias fronteras.

Uno de los principales ejemplos de la evolución de dicho enfoque se produjo en Jordania en 1970, que culminó con los acontecimientos conocidos como Septiembre Negro. A pesar de la fuerza, organización y popularidad de la OLP en Jordania —un país cuya población está compuesta por un 70% de palestinos— la dirección de Al Fatah de Yasser Arafat se negó inicialmente a apoyar una campaña para derrocar al dictador del país, el rey Hussein. En respuesta, y con el apoyo de Estados Unidos e Israel, Hussein declaró la ley marcial y, aprovechando la pasividad de los gobiernos árabes de la región, atacó los campamentos de la OLP, mató a miles de combatientes y civiles palestinos y, finalmente, expulsó a la OLP de Jordania hacia Siria y Líbano.

A pesar de esto y de sus posteriores experiencias en el exilio, la OLP siguió esta estrategia de colaboración y no intervención en los asuntos internos de los países de la región durante décadas. Hoy en día, el presidente de la Autoridad Nacional Palestina (ANP), Mahmud Abbas, apoya la dictadura de Abdel Fattah al-Sissi en

Egipto. Otro ejemplo chocante: Abbas envió un mensaje de felicitación al déspota sirio Bashar al-Assad por su "reelección" en mayo de 2021, a pesar de la brutal represión de los palestinos que participaron en el levantamiento en Siria y la destrucción del campo de refugiados palestinos de Yarmouk.

Hamás sigue una estrategia similar. Sus dirigentes han cultivado alianzas con las monarquías del Golfo, y más recientemente con Qatar, así como con el régimen fundamentalista de Irán. En 2012, Ismail Haniyeh, el entonces primer ministro del gobierno de Hamás en Gaza, elogió las reformas que se estaban llevando a cabo en Bahréin, mientras que el régimen, con el apoyo de sus aliados del Golfo, aplastaba el levantamiento democrático del país. Muchos dirigentes de Hamás lo consideraron un golpe de Estado "confesional" de los chiíes bahreiníes apoyados por Irán.

En abril de 2018, el líder de Hamás, Jaled Mashal, elogió la invasión y ocupación turca de Afrin, en Siria, durante una visita a Ankara. Afirmó que "el éxito de Turquía en Afrin sirve de un ejemplo sólido", con la esperanza de que sea seguido por "victorias similares para la ummah islámica[6] en muchas partes del mundo". La ocupación de Afrin por las fuerzas armadas turcas y sus representantes reaccionarios condujo a la expulsión de 200.000 personas, principalmente kurdas, y a la represión de los que se quedaron.

Desgraciadamente, la izquierda palestina ha implementado esencialmente su propia versión de esta estrategia. También se ha abstenido ante la represión de su

---

6 Comunidad de Musulmanes del Mundo. [N. del E.]

pueblo por parte de sus aliados. El FPLP, por ejemplo, no ha emitido objeción alguna ante los crímenes del régimen sirio e incluso apoyó a su ejército contra las "conspiraciones extranjeras", declarando que Damasco "seguirá siendo una espina en el rostro del enemigo sionista y sus aliados". Las relaciones del FPLP con la teocracia iraní y la dictadura militar egipcia siguen un patrón similar.

Los regímenes traicionan la lucha de liberación

En lugar de hacer avanzar la lucha, los Estados autoritarios y despóticos de la región la han traicionado e incluso han reprimido a los palestinos. Como ya se ha mencionado, la monarquía jordana aplastó el movimiento palestino en 1970.

En 1976, el régimen sirio de Hafez al-Assad intervino en el Líbano contra organizaciones palestinas y libanesas de izquierda para apoyar a los partidos de extrema derecha libaneses. También llevó a cabo operaciones militares contra campamentos palestinos en Beirut en 1985 y 1986. En 1990, unos 2.500 presos políticos palestinos estaban recluidos en cárceles sirias[7]. Aunque el régimen sirio acogió y apoyó a Hamás en los años 1990 y 2000, redujo radicalmente la ayuda que le prestaba cuando se negó a apoyar la contrarrevolución contra el levantamiento democrático de 2011 tras las

---

7 Para más información sobre la colaboración entre las izquierdas siria y palestina y los movimientos de izquierda palestinos en Siria durante este periodo, véase Joseph Daher, "Le Parti d'Action Communiste syrien. Expérience et héritage", Contretemps, 2021: https://www.contretemps.eu/parti-laction-communiste-syrien/

revoluciones árabes, y empujó a dirigentes y cuadros a abandonar Siria.

Irán sólo recompuso significativamente sus relaciones políticas con Hamás tras la elección de Ismaïl Haniyeh y Saleh al-Arouri a la cabeza del movimiento en 2017.

Teherán colaboró con el imperialismo estadounidense en Afganistán e Irak. Por eso, durante el levantamiento iraquí de octubre de 2019 los manifestantes marcharon bajo el lema "Ni Estados Unidos ni Irán". Estos ejemplos por sí solos deconstruyen la idea de que Irán es un aliado fiable de la causa palestina o de que es un Estado antiimperialista.

Egipto colabora con Israel en el bloqueo de Gaza desde 2007. Irán busca de forma oportunista utilizar la causa palestina como herramienta de política exterior para alcanzar sus objetivos más amplios en la región.

Turquía, a pesar de las críticas de Recep Tayyip Erdogan a Israel, mantiene estrechos lazos económicos con ese país. Erdogan ha aumentado el volumen de comercio con Tel Aviv de 1.400 millones cuando llegó al poder a algo más de 10.000 millones en 2022. Así pues, los regímenes están limitando su apoyo a la causa en la medida en que hacen avanzar sus intereses regionales, y lo traicionan cuando no es así. Más recientemente, Turquía e Israel también han encontrado puntos en común en la reciente agresión militar de Azerbaiyán contra Nagorno-Karabaj, que está controlada y principalmente poblada por armenios. Drones israelíes y turcos, con el apoyo de los servicios de inteligencia de ambos países fueron esenciales para la victoria de

Azerbaiyán sobre las fuerzas armadas armenias. El ataque de Hamás contra Israel el 7 de octubre, y la respuesta de Israel al mismo, tuvieron el efecto de socavar el proceso de normalización iniciado por Donald Trump y continuado por Joe Biden en un intento de limar asperezas entre regímenes anteriormente hostiles de la región. Este ataque garantiza que la ocupación israelí ya no puede ser ignorada. Poco después del estallido de la guerra, el reino de Arabia Saudí reaccionó deteniendo cualquier avance en los acuerdos bilaterales con Israel. Ahora ya está claro que no puede haber estabilidad en Oriente Medio e ignorarse la ocupación y colonización de Palestina. Sin embargo, los Estados de la región han permanecido relativamente pasivos ante el sufrimiento de los palestinos durante la guerra asesina del ejército de ocupación israelí contra la Franja de Gaza, que comenzó en octubre de 2023. Los líderes de los países árabes y musulmanes, en una cumbre conjunta de la Liga Árabe y la Organización de Cooperación Islámica (OCI) el 11 de noviembre de 2023 en la capital saudí, condenaron las acciones "bárbaras" de las fuerzas de ocupación israelíes en la Franja de Gaza, pero se abstuvieron de enunciar medidas punitivas de carácter económico y político. El comunicado final exigió que el Consejo de Seguridad de la ONU adoptase una resolución "vinculante" para poner fin a la "agresión" israelí. Esta falta de acción demuestra las diferencias entre dichos Estados, y, sobre todo, la tentación de unos y otros de permanecer inactivos ante la guerra de Israel, a menos que quieran explotar la causa palestina para servir a sus propios intereses estatales en detrimento de cualquier consideración hacia las clases trabajadoras palestinas. Esta situación forma parte del marco histórico que afecta a toda la región, como se ha expuesto más arriba.

Por otro lado, la reticencia de Irán y Hezbolá a reaccionar y lanzar una iniciativa militar más seria en respuesta a la guerra de Israel contra los palestinos de octubre de 2023, con el fin de preservar sus propios intereses políticos y geopolíticos, lo demuestra. Los dirigentes iraníes reiteraron en varias ocasiones tras la guerra su determinación de no extender el conflicto palestino-israelí a la región tras el 7 de octubre. No querían que Hezbolá adoptase un compromiso militar demasiado importante contra Israel, sino que se limitara a actuar como "frente de presión" contra Tel Aviv, como expresó en varias ocasiones el secretario general de Hezbolá, Hassan Nasrallah. Irán no quiere que su joya, Hezbolá, se debilite[8]. El objetivo geopolítico de Irán no es liberar a los palestinos, sino utilizar a estos grupos como palanca, sobre todo en sus relaciones con Estados Unidos[9].

Por su parte, el movimiento libanés Hezbolá también es reacio a lanzarse a una guerra abierta contra Israel. A pesar del aumento sus capacidades y efectivos mili-

---

8 A mediados de enero de 2024, los ataques israelíes ya se habían cobrado la vida de casi 160 miembros de Hezbolá desde el 8 de octubre. Los ataques aéreos y con drones sobre aldeas del sur del Líbano también habían provocado el desplazamiento a zonas más seguras de más de 80.000 personas en el sur del Líbano, y dañado vastas extensiones de tierras de cultivo y viviendas.
9 Aunque el Líbano ha sido blanco de los misiles israelíes desde el inicio de la guerra israelí contra Gaza en octubre de 2023, los riesgos de un enfrentamiento más amplio entre Hezbolá y Tel Aviv aumentaron después de que el ejército de ocupación israelí asesinara a Saleh al-Arouri, el número 2 del buró político y uno de los fundadores de su ala militar, las Brigadas al-Qassam, en los suburbios del sur de Beirut, el 2 de enero de 2024, y unos días después, de Wissam Tawil, comandante de la Fuerza Al-Radwan, unidad militar de Hezbolá en el sur del Líbano. Se trata del

tares desde la guerra de 2006. El partido ha ampliado en particular su arsenal y dispone ahora de un gran número de cohetes y misiles. Sin embargo, el aumento de su potencia militar no ha coincidido con un mayor apoyo popular. A nivel nacional, al margen de la población chií, Hezbolá está cada vez más aislado, tanto política como socialmente.

En los últimos años, el partido se ha visto envuelto en una serie de disputas y enfrentamientos armados de origen confesional en el Líbano. Por ejemplo, en el verano de 2021 estallaron combates en Jaldé entre Hezbolá y tribus árabes suníes locales, en los que murieron tres personas. Durante el mismo mes, en el pueblo predominantemente druso de Chuaya, jóvenes enfurecidos interceptaron una furgoneta que transportaba milicianos de Hezbolá equipados con un lanzacohetes. El plan de los milicianos era apuntar a Israel desde el pueblo.

---

militar de Hezbolá de más alto rango asesinado desde el 8 de de octubre. En respuesta, Hezbolá atacó bases militares en el norte de Israel.
Los asesinatos de Arouri y Tawil, comandante de Hezbolá, no han cambiado por el momento la posición de Hezbolá, ni la de su principal patrocinador, Irán, respecto a Israel. En este contexto, Hezbolá se limita a las "reacciones calculadas y proporcionadas" frente los ataques israelíes. Sin embargo, la amenaza es que Israel muy probablemente continue sus ataques en territorio libanés y sus asesinatos. Una parte de la clase dirigente israelí quiere, gracias a la guerra de Israel contra Gaza, obtener ganancias políticas y militares también en el Líbano, empujando a Hezbolá a retirarse a 10 kilómetros de la frontera, al norte del río Litani. La escalada de los ataques israelíes en el Líbano está vinculada a la nueva fase militar de Israel tras la retirada de cinco brigadas de Gaza, compuestas principalmente por soldados de reserva, a principios de año. Esto forma parte de la estrategia israelí de "guerra de baja intensidad", cuyos objetivos son el control sobre la mayor parte del territorio de la Franja de Gaza que ha caído bajo su dominio, erradicar cualquier resistencia restante y destruir la red de túneles que todavía existen bajo su suelo. La capacidad del ejército israelí de ocupación para intensificar sus amenazas y ataques contra el Líbano también está ligada al hecho de que Hezbolá ha perdido la oportunidad de obligar a Israel a luchar en dos frentes desde octubre de 2023. Esto se está volviendo en su contra.

Atacados por los jóvenes drusos que les arrebataron el lanzacohetes, los combatientes de Hezbolá se vieron obligados a retirarse.

Dos meses más tarde, en octubre de 2021, tuvo lugar otro incidente importante. Tras una manifestación de miembros de Hezbolá y su aliado Amal[10] contra el juez Tarek Bitar, encargado de la investigación de la explosión del puerto de Beirut del 4 de agosto de 2020, estallaron enfrentamientos callejeros en el barrio vecino de Tayouné, en Beirut. Los enfrentamientos opusieron a combatientes chiíes de Hezbolá y Amal contra otros combatientes cristianos, muy probablemente miembros de las Fuerzas Libanesas, un movimiento cristiano de extrema derecha. Esta batalla callejera dejó siete muertos y treinta y dos heridos, haciendo temer una nueva guerra civil.

En el Líbano, los partidos políticos confesionales opuestos a Hezbolá, pero también sectores más amplios de la población, lo consideran el principal obstáculo para hacer justicia en lo que respecta a la explosión del puerto de Beirut. Incluso los antiguos aliados políticos del partido, como el Movimiento Patriótico Libre, son cada vez más críticos con él.

El amplio apoyo popular del que gozaba Hezbolá en 2006 ya no existe.

Los principales actores políticos del Líbano, como el Partido Socialista Progresista, y su antiguo líder Walid Joumblatt, siguen expresando su apoyo a la lucha palestina en la Franja de Gaza al tiempo que insisten en

---

10 El mayor partido chií del Líbano, con 14 diputados.

su oposición a cualquier implicación del país en una nueva guerra. Además, el país se enfrenta a una profunda crisis económica que se prolonga desde octubre de 2019. En este periodo, la tasa de pobreza ha aumentado considerablemente, pasando del 25% en 2019 a más del 80%. Para gran parte de la población, el país no puede soportar otra guerra.

Más allá de la escena nacional libanesa, la intervención militar de Hezbolá en apoyo del régimen despótico sirio en su aplastamiento del levantamiento popular del país ha minado su popularidad a nivel regional. Por último, Hezbolá quiere proteger su extensa red de infraestructuras y sociedades civiles, que sirven a los intereses del partido, de una guerra potencialmente destructiva. En el momento de escribir estas líneas, cabe señalar que, tras el recrudecimiento de los ataques israelíes en el Líbano y Siria desde principios del mes de enero de 2024, las tensiones regionales siguen intensificándose y amenazan con convertirse en una guerra abierta generalizada. Frente a la violencia del ejército de ocupación israelí, apoyado por sus aliados imperialistas occidentales, los pueblos de Siria, Irak, Yemen y el Líbano se enfrentan al riesgo cada vez mayor de una guerra abierta todavía más mortífera. Mientras que la guerra genocida contra los palestinos atrapados en la Franja de Gaza ocupada continúa sin cesar, el gobierno israelí ha anunciado que la guerra continuará "durante todo" el año 2024. La impunidad israelí representa una amenaza belicista permanente para las clases obreras de la región. Al mismo tiempo, el imperialismo occidental, dirigido por Estados Unidos, al apoyar a Israel y a sus aliados autoritarios en la región, y encubriendo los bombardeos, no hace sino agravar la miseria de las clases populares locales. La principal tarea de la izquierda y de los actores progresistas de la región debe ser construir una estrategia basada en la solidaridad regional desde abajo. Esto significa oponerse a la coalición de potencias occidentales con Israel, por un lado, y a los poderes autoritarios regionales y fuerzas políticas vinculadas a ellos, por otro. Esta estrategia, basada en la lucha de clases desde abajo, es la única vía para liberar a las clases trabajadoras de Oriente Medio de los regímenes apoyados por las potencias imperialistas de Estados Unidos, Rusia y China.

El bloqueo de los acuerdos de paz negociados por el imperialismo estadounidense

Tras el fracaso de su estrategia de contar con el apoyo político de los regímenes de la región como aliados, la OLP recurrió a un enfoque aún más calamitoso consistente en buscar un acuerdo de paz con la mediación de EE.UU. y otras grandes potencias. La esperanza era lograr una solución de dos Estados mediante los Acuerdos de Oslo firmados en 1993.

En lugar de conducir a la liberación palestina, este acuerdo representó una auténtica capitulación. Ratificaba el colonialismo israelí en la Palestina histórica, al tiempo que se obtenía, en el mejor de los casos, una Autoridad Nacional Palestina residual.

Traicionaba el derecho al retorno de los refugiados palestinos a sus tierras robadas por Israel y fragmentaba todavía más los TPO (véase el Anexo 2). Por otra parte, esto ha permitido a las autoridades de ocupación israelíes mantener hasta el día de hoy su control sobre todo el territorio palestino ocupado y desarrollar los asentamientos. En definitiva, el proceso de paz ha reducido a la Autoridad Nacional Palestina (ANP) a gobernar un bantustán enteramente bajo control israelí.

Este resultado desastroso no debería sorprendernos dada historia de Israel y el imperialismo occidental, como ya hemos visto.

A título de recordatorio, fueron las victorias de Israel contra los Estados nacionalistas árabes y su intervención en el Líbano lo que provocó el retroceso del radicalismo en la región, aislando a la OLP. Esta difícil situación llevó a la facción Al Fatah de Yasser Arafat a adoptar en 1978 la solución de los dos Estados, un requisito previo para su firma de los Acuerdos de Oslo de 1993[11].

En la práctica, esto significó abandonar la lucha por la liberación de la Palestina histórica y la transformación de Al Fatah en una ANP para administrar los territorios ocupados. El intelectual palestino Edward Said, que se opuso a los Acuerdos de Oslo, declaró que éstos representaban "un abandono masivo de los principios, de las principales corrientes de la historia palestina y de los objetivos nacionales" y "relegaba a los palestinos de la diáspora al exilio permanente o al estatuto de refugiados". Estados Unidos e Israel han apoyado a la ANP, que

---

11 Para muchos militantes palestinos y partidarios de su causa, los Acuerdos de Oslo fueron la aplicación del Plan Allon de 1967 mencionado anteriormente, pero en el lugar de Jordania gestionando la ocupación de Cisjordania y la Franja de Gaza, sería la ANP dirigida por Arafat. El Plan Allon se concibió en 1967, tras la Guerra de los Seis Días. Dicho plan preveía la construcción de asentamientos y de bases militares para asegurar el control estratégico de los territorios palestinos ocupados, sin anexionar las zonas donde se concentraba la población palestina (pueblos, ciudades, etc.). Sin embargo, el plan consistía en ponerlos bajo el control de una autoridad árabe colaboracionista. Inicialmente, el plan consistía en devolver estas zonas a la monarquía jordana.

controla a los palestinos en Cisjordania y Gaza (antes de que esta última fuera tomada por Hamás en 2007). La ANP no ha tenido reparo en actuar como una forma de fuerza policial en beneficio de Washington y Tel Aviv. Con la ANP funcionando como un régimen al servicio de la ocupación, Estados Unidos ha fomentado la integración política y económica de Israel con los Estados de la región, en particular mediante los Acuerdos de Abraham de la Administración Trump[12]. Esta normalización de las relaciones entre Israel y varios Estados árabes aísla todavía más la lucha de liberación palestina.

Tras su elección, el presidente Joe Biden reafirmó en repetidas ocasiones un apoyo inquebrantable a Israel, sean cuales sean sus crímenes contra los y las palestinas. En medio del bombardeo de Gaza en 2021, el principio de una venta de misiles guiados de precisión por valor de 735 millones de dólares a Israel fue aprobado por el Congreso, además de los miles de millones en ayuda anual que seguirá fluyendo[13]. Desde que se inició la mortífera ofensiva contra Gaza en octubre de 2023, Biden ha seguido defendiendo la política criminal de Israel y proclamado el derecho de Israel a defenderse,

---

12 Se trata igualmente de una continuación de la voluntad de Estados Unidos de promover la integración política y económica de Israel en la región, a través de sus aliados, que se inició tras el acuerdo de paz egipcio de 1981 y se aceleró tras los Acuerdos de Oslo de 1993, con la creación de zonas Industriales por el Congreso estadounidense, conocidas como QIZ, que permiten a Egipto y Jordania exportar productos a Estados Unidos libres de impuestos, siempre que dichos productos contengan insumos israelíes.
13 Desde 1946, esta ayuda asciende a unos 4.000 millones de dólares anuales.

mientras discretamente proporcionaba más ayuda militar al ejército israelí de ocupación.

La estrategia de la ANP de colaborar con Estados Unidos implica una capitulación ante el ocupante y su patrocinador imperialista.

La debilidad de la clase obrera palestina

Si las estrategias basadas en los Estados de la región y los acuerdos de paz negociados por Estados Unidos son callejones sin salida, ¿qué hay de una alternativa basada en la clase obrera palestina? Esta también queda descartada por la particular naturaleza de Israel como Estado colonial de poblamiento. A diferencia de la Sudáfrica del *apartheid*, que dependía de la mano de obra negra para sus fábricas y minas, Israel ha excluido a los trabajadores palestinos de cualquier papel central en su economía y los ha sustituido por trabajadores judíos. Por consiguiente, los trabajadores palestinos no tienen medios para detener la economía israelí mediante huelgas, como los trabajadores negros en Sudáfrica.

La economista palestina Leila Farsakh explica que el proceso de "bantustanización" en los TPO es diferente de lo que ocurrió en Sudáfrica. Las élites dirigentes israelíes no están interesadas en los recursos económicos de los TPO en sí mismos, ni ha creado "bantustanes" específicos para mantener una mano de obra barata y disponible para garantizar el crecimiento económico en los territorios colonizados. La mano de obra palestina en los TPO, aunque importante en el sector de la construcción,[14] [15]no representaba más del 7% del total de la mano de obra israelí a principios de la década de 2000, mientras que "los autóctonos" de Sudáfrica constituían más del 65% de la población activa. En 2023 este porcentaje no superaba el 5%.

Ello no significa que la resistencia palestina sea impotente tanto dentro del Estado de Israel como en Cisjordania y la Franja de Gaza ocupadas. La lucha obrera sigue siendo fundamental para el movimiento.

La oleada de lucha palestina de 2021 ha demostrado su poder y su potencial para forjar una nueva estrategia que sustituya a la fracasada de depender del apoyo de los regímenes de la región. Nuevos grupos juveniles y feministas, como Tal'at, así como la clase trabajadora, han estado en el centro de la resistencia popular reciente.

La huelga general de los y las trabajadoras del 18 de mayo de 2021 fue desencadenada y dirigida por las bases. Paralizó franjas enteras de la economía, desde Israel hasta Cisjordania y Gaza. Como señaló el periódico israelí *Haaretz*:

La Asociación de Constructores de Israel observó que los trabajadores palestinos siguieron la huelga, y que sólo

---

14 El sector de la construcción israelí representaba el 63,2% de todos los puestos de trabajo en Israel y los asentamientos en 2021, seguido de la agricultura, la industria manufacturera y los servicios.
15 Tras la guerra de octubre de 2023 y la prohibición impuesta por las autoridades de ocupación israelíes a 200.000 trabajadores palestinos de los TPO de volver a trabajar en Israel, la Asociación de Constructores Israelíes (ACB) pidió al gobierno israelí en diciembre de 2023 que contratase al menos a 60.000 trabajadores extranjeros para llenar el vacío dejado por los trabajadores palestinos.

150 de los 65.000 trabajadores de la construcción palestinos habían venido a trabajar en Israel. Esto paralizó las obras de construcción, causando pérdidas estimadas en 130 millones de shekels (casi 40 millones de dólares).

Esta huelga, aunque extremadamente importante, no debe ser exagerada. Como destaca Assaf Adiv, director de la Asociación de Trabajadores MAAN —el único sindicato israelí que organiza a los palestinos en las zonas industriales de los asentamientos de Cisjordania (donde los sindicatos palestinos están prohibidos)—, el seguimiento de la huelga por los palestinos que trabajan en Israel se debió en parte "al cierre de los puestos de control y a la incertidumbre en las carreteras de Cisjordania".

Además, unos 90.000 palestinos de 1948, es decir, de dentro de Israel, también trabajan en Cisjordania en el sector de la construcción, pero no se ha publicado ninguna información sobre si siguieron la huelga o no. No obstante, la huelga fue ampliamente seguida por los palestinos de 1948 y la clase obrera de Jerusalén Este, que ocupan desproporcionadamente puestos de trabajo en los sectores de la limpieza, hostelería, construcción y restauración, así como entre los conductores de taxis y autobuses. Por ejemplo, alrededor del 90% de los conductores de autobús estaban en huelga. En cambio, la mayor parte de los palestinos del 48 del sector sanitario, donde representan el 17% de los médicos, el 24% de los enfermeros y el 47% de los farmacéuticos, no se sumaron a la huelga. Los hospitales, el Ministerio de Sanidad y las compañías de seguros médicos (HMO)[16] informaron de que sólo

---

16 Organización para el Mantenimiento de la Salud.

1494 trabajadores sanitarios se ausentaron debido a la huelga. Además, numerosos trabajadores palestinos fueron amenazados y atacados por grupos israelíes si planeaban hacer huelga o intentaban consumarla. Fuera cual fuera la magnitud de la participación en la huelga, la economía israelí quedó relativamente salvaguardada de sus efectos, lo cual demuestra que la clase obrera palestina y otros movimientos sociales necesitan de la solidaridad de otros trabajadores, campesinos y pueblos oprimidos. La cuestión es hacia quién deben dirigirse los palestinos para imponer una democracia laica en la Palestina histórica.

La clase obrera israelí: no es una aliada estratégica
La primera orientación estratégica, y quizá la más obvia, parecería ser orientarse hacia la clase obrera israelí. Pero ésta siempre ha antepuesto su lealtad a Israel a la solidaridad de clase con las masas palestinas.

Esto no es sólo por devoción ideológica, sino también por su propio interés material, bien entendido y garantizado por el Estado, que proporciona a los trabajadores israelíes casas robadas a los palestinos y un nivel de vida superior a la media regional. La clase dominante y el Estado israelí consiguen así integrar a la clase obrera israelí en su proyecto de colonialismo de poblamiento.

Las instituciones de la clase obrera, como su sindicato, la Histadrut, desempeñaron un papel central en la limpieza étnica de Palestina. Los dirigentes obreros sionistas crearon la Histadrut en 1920 como un sindicato exclusivamente judío y lo utilizaron para encabezar el desplazamiento de los y las trabajadoras palestinas.

Su lema "Tierra judía, trabajo judío, producto judío" resume perfectamente su proyecto etnonacionalista de colaboración de clases y hasta qué punto es fundamentalmente hostil a la solidaridad con los y las palestinas. Al aplicar estos eslóganes durante y después de la fundación de Israel, contribuyó a garantizar que la tierra se arrendara sólo a judíos, que las granjas e industrias contrataran sólo a judíos y que fueran boicoteadas las granjas e industrias palestinas.

Además, el Estado israelí ha hecho obligatorio el servicio militar para todos los y las trabajadoras israelíes, obligándolas a participar en la represión de los palestinos, hacer respetar la ocupación y defender el robo de casas y tierras palestines por los colonos sionistas.

Dada su incorporación al proyecto colonial, no es sorprendente que, con contadas excepciones, los trabajadores israelíes hayan apoyado en general los repetidos asaltos contra los palestinos. Por citar sólo un ejemplo entre muchos otros, la Israeli Electric Corp (IEC) llegó a declarar que no repararía las líneas eléctricas de la Franja de Gaza hasta que regresaran dos soldados israelíes y un civil desaparecidos durante los bombardeos de 2021.

¿Significa esto que los palestinos no deben buscar la colaboración con sectores progresistas de la clase obrera israelí? Por supuesto que no. Existen ejemplos de solidaridad a pequeña escala, pero son escasos.

Es difícil imaginar que en su estado actual puedan representar un contrapeso al abrumador modelo de unidad etno-nacionalista de la clase obrera israelí con el Estado sionista. Una estrategia basada en unidad contra el sionismo entre los trabajadores israelíes y palestinos no es, pues, realista.

V. ¿A QUÉ DA NOMBRE HAMAS? HISTORIA Y DESARROLLO

Considerada ya una organización terrorista por Estados Unidos y muchos países occidentales, la demonización del movimiento islámico palestino Hamás se ha intensificado tras las acciones armadas del 7 de octubre de 2023, en las que murieron más de 1.100 personas, como se ha mencionado en la introducción. ¿Cuáles son los orígenes de este partido y cómo se ha desarrollado? ¿Cuál es su orientación política y su estrategia? ¿Cuáles son sus alianzas regionales?

Como se repite a lo largo de este libro, cualquier crítica seria y honesta a Hamás no puede hacerse sin una clara oposición al Estado racista y colonial de *apartheid* Israelí, en pos de su desmantelamiento y en apoyo al derecho de autodeterminación de los palestinos, su derecho a la resistencia y sus derechos fundamentales contra la ocupación, incluyendo el fin de los asentamientos, la igualdad para los palestinos y un derecho de retorno garantizado para los refugiados. Sólo sobre esta base podemos desarrollar una crítica del movimiento palestino Hamás, su orientación política y su estrategia.

Orígenes y evolución de Hamás

Hamás, acrónimo árabe de "Movimiento de Resistencia Islámica", se creó oficialmente en diciembre de 1987, al principio de la primera *Intifada*, como hemos visto.

Inicialmente, las autoridades israelíes de ocupación favorecieron el desarrollo de estructuras de *al-Mujamma al-Islami* en toda la Franja de Gaza, en particular instituciones sociales y actividades políticas. Para las fuerzas de ocupación israelíes el objetivo era, naturalmente, debilitar el campo nacionalista de izquierdas, fomentando la alternativa islámica. En efecto, los Hermanos Musulmanes palestinos habían decidido adoptar una actitud de no confrontación con las fuerzas de ocupación israelíes y se centraron ante todo en la islamización de la sociedad. La opción de confrontación no armada con los ocupantes israelíes fue cuestionada entre los Hermanos Musulmanes a principios de la década de 1980 y se creó una nueva entidad política, la Yihad Islámica, dirigida en Gaza por Fathi Shikaki. Shikaki también se inspiró en la revolución islámica de Irán y la ideología del ayatolá Ruhollah Jomeini. La confrontación no armada con Israel terminó con la creación de Hamás en 1987, sobre todo por la presión de un sector de las bases del partido, particularmente de jóvenes militantes que criticaban la falta de resistencia a la ocupación israelí. Reclamaban una política de mayor confrontación contra el ocupante, contraria al pensamiento tradicional centrado principalmente en la islamización de la sociedad. El estallido de la *Intifada* en 1987 permitió a los partidarios de una línea de resistencia fortalecer su posición dentro del movimiento. Convencieron a los indecisos argumentando que el movimiento de los Hermanos Musulmanes y *al-Mujamma al-Islami* en los territorios ocupados perderían gran parte de su popularidad si se negaban a participar en la *Intifada*. A su vez, la creciente popularidad de la Yihad Islámica a través de sus acciones militares contra las autoridades de ocupación israelíes amenazaba cada vez más la base popular de los Hermanos Musulmanes.

Finalmente se alcanzó un acuerdo entre la vieja guardia conservadora, partidaria de un enfoque de no confrontación con Israel y compuesta principalmente por comerciantes urbanos y miembros de la clase media-alta, y una generación más joven de nuevos militantes partidarios de la resistencia, en su mayoría estudiantes de clase media baja y de los campos de refugiados. Este acuerdo dio origen a Hamás, una organización afiliada pero diferenciada. Los miembros de los Hermanos Musulmanes que no estaban de acuerdo con su creación podían permanecer en la organización sin unirse a Hamás. La creación de Hamás fue una forma de unirse a la *Intifada* sin poner directamente en peligro el futuro de las instituciones del movimiento y de la asociación *al-Mujamma al-Islami*.

Con esta fórmula, en caso de fracaso de la *Intifada*, la responsabilidad habría sido de Hamás, y no la de los Hermanos Musulmanes. Ocurrió exactamente lo contrario, puesto que la participación de la nueva organización Hamás en la *Intifada* fue un gran éxito. Casi todos los miembros de los Hermanos Musulmanes en Cisjordania y la Franja de Gaza se integraron, y el movimiento empezó a atraer a seguidores y simpatizantes que no eran miembros de los Hermanos Musulmanes. El desarrollo de Hamás también se vio estimulado por acontecimientos regionales, como el *boom* petrolero posterior a 1973, que permitió a las monarquías del Golfo aumentar su inversión en movimientos fundamentalistas islámicos, entre ellos, en aquel momento *al-Mujamma al-Islami* en la Franja de Gaza; fue en esta época cuando se fundó la República Islámica de Irán. Los dirigentes iraníes apoyaron la orientación fundamentalista islámica en toda la región, incluido Hamás desde principios de los años 90. La consolidación de las relaciones y la futura alianza entre Irán y Hamás se fraguó en el momento de la expulsión de cientos de miembros de Hamás y la Yihad Islámica del sur del Líbano hacia Marj al-Zouhour en 1992, incluido el actual jefe del buró político de Hamás, Ismail Haniyeh. Fue entonces cuando Hamás reforzó también sus vínculos con Hezbolá en el Líbano.

Por otra parte, los movimientos fundamentalistas islámicos de los TPO también se han beneficiado de los importantes reveses de la OLP, empezando por Jordania en 1970 con "Septiembre Negro" y la violenta represión del régimen jordano contra las fuerzas palestinas que provocó su traslado al Líbano. Tras la expulsión de las fuerzas de la OLP de Beirut a Túnez en 1982, el movimiento nacional palestino se debilitó aún más. Su dirección, su estrategia y su programa político se cuestionaron cada vez más y se sumaron al creciente deseo de la OLP, dirigida por Al Fatah, de buscar una solución política y diplomática en lugar de optar por la resistencia armada, en plena dinámica política de la posguerra de octubre de 1973, que había abierto la puerta a un acuerdo político con Israel, véase en particular el acuerdo de paz con Egipto.

En cambio, los dirigentes de Hamás rechazaron la orientación de la OLP y apoyaron la resistencia armada. Hamás desempeñó un papel importante en la primera (1987-1993) y la segunda *Intifada* (2000-2005), al tiempo que mantenía una fuerte postura retórica contra el acuerdo de paz de Oslo entre la OLP e Israel. Tras su conclusión, este acuerdo se consideró cada vez más una capitulación total de la OLP ante Israel. Fue en este marco como Hamás ganó en popularidad y la ANP fue cada vez más criticada por su incapacidad para alcanzar los objetivos nacionales palestinos frente a la ocupación y la colonización israelíes, mientras que Ramala[1] era acusada cada vez más por sus altos niveles de corrupción y sus prácticas clientelares. Además, la colaboración en materia de seguridad de la ANP con Israel también fue fuertemente denunciada entre la población y la sociedad palestinas.

A su vez, Hamás se transformó lentamente de ser un partido que, durante los años 90, inicialmente rechazaba toda participación en las instituciones heredadas de los acuerdos de Oslo, hasta operar una acomodación política en relación con ellas. Los funcionarios y dirigentes de Hamás explicaron su cambio de postura por el hecho de que los acuerdos de Oslo habían fracasado, tras la segunda *Intifada*, mientras que en

---

1 Se convirtió en la capital *de facto* de la ANP desde 2002. [N. del E.]

1996 participar de ellos habría significado reconocerlos y apoyarlos.

Durante las elecciones legislativas palestinas de enero de 2006, bajo la marca "Lista del Cambio y la Reforma", Hamás ganó la mayoría de los escaños, obteniendo el 42,9% de los votos y 74 de los 132 escaños. Las potencias occidentales e Israel reaccionaron boicoteando el gobierno dirigido por Hamás y suspendiendo toda ayuda extranjera a los TPO[2]. Las tensiones entre Hamás y Al Fatah se intensificaron hasta desembocar en un conflicto entre ambas organizaciones. Hamás expulsó a Al Fatah de Gaza en junio de 2007, mientras que la ANP tomó el control total de Cisjordania. Cisjordania y la Franja de Gaza siguen en la actualidad bajo la autoridad de la ANP y Hamás, respectivamente.

A su vez, Hamás se ha reforzado considerablemente desde el punto de vista militar desde la primera incursión terrestre de Israel en la guerra de 2008-2009, gracias en parte a sus crecientes vínculos con los Guardianes de la Revolución iraníes y Hezbolá y su experiencia militar dentro del movimiento palestino. Las estimaciones de las Brigadas Ezzedine al-Qassam, el ala militar de Hamás, en cuanto al número de combatientes listos para la lucha son difíciles de calibrar, oscilando entre los 15.000 y los 40.000 soldados. El ala militar dispone de cohetes de fabricación local, pero los cohetes de largo alcance proceden del extranjero, de Irán, Siria y otros países, pasando por Egipto. Hamás también utiliza armas trampa, como artefactos explosivos improvisados, un tipo de armas no convencionales que

---

2 Un alto funcionario de la Administración Bush en aquel momento, Eliot Abrahams, declaró tras la victoria de Hamás en las elecciones: "Legalmente, teníamos que tratar a Hamás como tratábamos a Al Qaeda".

pueden activarse de diversos modos y adoptar diversas formas. La facción utiliza obuses y minas. Hamás fabrica gran parte de sus propias armas, desarrolla drones y vehículos submarinos no tripulados, y se dedica a la ciberguerra.

Programa y orientación política

En su primera carta, adoptada el 18 de agosto de 1988, Hamás reconocía su afiliación a los Hermanos Musulmanes. El movimiento islámico palestino "considera la tierra de Palestina un *waaf* islámico[3] para todas las generaciones de musulmanes hasta el día de la resurrección". En cuanto a la OLP, Hamás declaró en su primera carta que: "Nuestra patria es una, nuestra desgracia es una, nuestro destino es uno y nuestro enemigo es común". La oposición de Hamás a la OLP ha sido siempre esencialmente política y no religiosa. Sin embargo, esta carta tenía tintes antisemitas, con una referencia al Protocolo de los Sabios de Sión (una falsificación antisemita creada por la policía zarista a principios del siglo XX), así como a las "conspiraciones" de las logias masónicas, el Rotary club y los Lyon's clubs.

La última carta de Hamás, publicada en 2017, sufrió importantes cambios y representa un auténtico intento por parte de la dirección del partido de expresar sus principales orientaciones políticas, a diferencia de la primera carta de 1988, redactada apresuradamente en los meses siguientes a la creación de Hamás por un solo individuo sin ninguna consulta amplia con los demás cuadros del movimiento, y además considerada obso-

---

3 En árabe, bienes donados, legados o adquiridos a perpetuidad en favor de causas benéficas generales o específicas de interés social. Extraído de Wikipedia. [N. del E.]

leta desde hacía muchos años por los principales dirigentes del partido.

> El Movimiento de Resistencia Islámica "Hamás" es un movimiento islámico palestino de liberación y resistencia nacional. Su objetivo es liberar Palestina y hacer frente al proyecto sionista. Su marco de referencia es el Islam, que determina sus principios, objetivos y medios.

Se suprimió el contenido antisemita y la lucha contra el sionismo se convirtió en el principal objetivo del partido[4]. El nuevo documento ya no menciona ningún vínculo con los Hermanos Musulmanes, aunque el Islam se sigue mencionando como marco de referencia. A su vez, el partido islámico palestino propone un programa político que acepta implícitamente una solución temporal de dos Estados, en consonancia con numerosas declaraciones de sus dirigentes en las últimas décadas y conforme con el derecho internacional.

En este contexto, la asimilación del Estado Islámico (EI) a Hamás, como repiten ciertos actores israelíes y occidentales, debe ser totalmente rechazada. Mientras que Hamás hunde sus raíces en la historia palestina

---

4 No se trata de discutir la existencia entre ciertos dirigentes de Hamás, y otros, de palabras o discursos antisemitas. Sin embargo, es necesario comprender, para combatir mejor estos discursos antisemitas, las fuentes y condiciones de la creación de dicho antisemitismo como se ha mencionado anteriormente en el texto, por qué tiene tanta audiencia y por qué se reproduce. Por encima de todo, es la política de Israel llevada a cabo "en nombre de los judíos" la principal fuente del discurso antisemita entre los palestinos. Es una reacción frente a un opresor que se identifica y pretende hablar en nombre de "los judíos de todo el mundo". No se trata de justificar, sino de comprender para luchar mejor contra esta forma tan diferente de antisemitismo, que no debe compararse con el antisemitismo de las organizaciones de extrema derecha y fascistas occidentales.

y se opone a la colonización y ocupación israelíes, el EI nació de la ocupación estadounidense de Irak. Es un producto de Al Qaeda en Irak, que luchó tanto contra la ocupación estadounidense como contra el régimen fundamentalista chií instalado por Estados Unidos y apoyado por Irán. Luego se extendió a Siria en su intento de establecer un califato islámico suní. El desarrollo del EI es el resultado del imperialismo y la contrarrevolución en Oriente Medio.

Los intentos de Israel y de los gobiernos occidentales de presentar a Hamás, y más en general a los palestinos, como terroristas similares a las organizaciones yihadistas no son nuevos.[5] Después del 11 de septiembre de 2001, la clase dominante israelí ya había descrito su guerra contra los palestinos durante la Segunda *Intifada* como su propia "guerra contra el terrorismo". Y esto, a pesar de que la ANP, bajo el liderazgo de Arafat, y Hamás habían condenado las acciones de Al Qaeda. Los atentados suicidas de Hamás en Jerusalén y en otros lugares de la Palestina histórica han sido presentados como "un síntoma del terrorismo islámico global".

A principios de la década de 2000, la presidencia de Bush defendió el derecho de Israel a defenderse del "terrorismo islámico", al igual que la Administración americana actual y los Estados occidentales. Independientemente de lo que pensemos de los atentados suicidas, las operaciones de Hamás formaban parte de una oposición a la ocupación y colonización israelí, no como parte de una lucha islámica global. Hamás justificó el uso de atentados suicidas para socavar las con-

---

5 Ya en los años setenta, las acciones de los distintos grupos palestinos de la OLP se calificaban a menudo de terroristas, al igual que la propia OLP.

versaciones de Oslo y evitar un ambiente de seguridad para la población israelí. También pretendía avivar las contradicciones en el seno de la sociedad israelí, pero dichas acciones tendían a favorecer en cambio su unidad y el extremismo político israelí.

Organizaciones como el EI y Al Qaeda difieren en su formación, desarrollo, composición y estrategia de partidos políticos como Hamás o Hezbolá en el Líbano. Hamás, por ejemplo, participó en las elecciones e instituciones heredadas de los Acuerdos de Oslo, al tiempo que aceptaba la diversidad religiosa de la sociedad palestina. En cambio, yihadistas como Al Qaeda y el EI suelen considerar la participación en las elecciones de las instituciones estatales como no islámicas y recurren en su lugar a tácticas de guerrilla o terroristas con la esperanza de acabar apoderándose del Estado, mientras atacan a las minorías religiosas. También ha habido enfrentamientos entre Hamás y grupos yihadistas salafistas en la Franja de Gaza desde que la controla. Las fuerzas militares de Hamás han combatido a estos grupos y han arrestado a sus miembros que se perciben como una amenaza a la seguridad y, en menor medida, como rivales políticos. En términos más generales, los intentos de Israel y de los imperialistas occidentales de comparar a Hamás con grupos yihadistas como el Estado Islámico, o Al Qaeda antaño, forman parte de una estrategia más amplia de apoyarse cada vez más en la islamofobia desde el 11 de septiembre para justificar su llamada guerra contra el terrorismo.

Dicho esto, la orientación política de Hamás no debe presentarse o describirse como progresista. El movimiento islámico palestino promueve un programa político y una visión de la sociedad reaccionarios y autoritarios y su control de Gaza dista mucho de ser democrático.

Clase y economía política

Al igual que otros partidos fundamentalistas islámicos, Hamás no está arraigado en una única clase social. La base electoral de Hamás se desarrolló considerablemente en dos momentos, en primer lugar cuando se unió a la lucha contra Israel en 1987 y lideró una resistencia militar en los años 90 y 2000, y posteriormente cuando llegó al poder en 2006 y tomó el control de la Franja de Gaza en 2007. La resistencia militar de Hamás y su oposición a los acuerdos de Oslo y a las políticas opresivas israelíes, así como sus redes de organizaciones caritativas basadas en las de los Hermanos Musulmanes y de *al-Mujamma al-Islami*, por no hablar de la bien rodada islamización de la sociedad, le ha permitido construir una amplia base popular, procedente principalmente de los estratos desfavorecidos de la de la población palestina de los territorios ocupados, mientras que todavía es capaz de mantener vínculos con las fuerzas burguesas tradicionales como los comerciantes ricos, entre otros. En efecto, el movimiento islámico palestino en general se ha beneficiado del apoyo y la simpatía de hombres de negocios, propietarios terratenientes y comerciantes.

El medio social de los dirigentes de la Franja de Gaza, en sus inicios compuesto predominantemente por la pequeña burguesía y las clases medias bajas, era históricamente más propicio a su expansión que el medio del que procedían los dirigentes de Cisjordania. Estos últimos procedían de un medio social más acomodado, formado principalmente por burgueses y élites tradicionales vinculadas a la monarquía jordana debido a sus vínculos iniciales con los Hermanos Musulmanes jordanos, que habían apoyado lealmente a los gobernantes del país durante muchas décadas. El movimiento de los Hermanos Musulmanes en los TPO estaba formado generalmente por comerciantes, empresarios y ciertos sectores de la clase acomodada palestina que generalmente siguieron apoyando a Hamás posteriormente[6].

Una de las principales características de los dirigentes y cuadros de Hamás es que una gran mayoría de ellos tiene un alto nivel educativo y suelen ser profesionales liberales. También puede haber un gran número de funcionarios de Hamás, en particular los que ocupan altos cargos en la Administración en la Franja de Gaza, una cierta mentalidad "pequeñoburguesa", aunque la gran mayoría de ellos sean de origen proletario. En efecto, convertirse en un cuadro asalariado equivale a un verdadero ascenso social. Sin embargo, esta dinámica está severamente limitada por la situación política y social cotidiana en Gaza, caracterizada por un asedio mortífero y continuas guerras libradas por el ejército israelí de ocupación, lo que permite que se mantenga un vínculo relativamente estrecho entre los cuadros locales de Hamás y las clases trabajadoras palestinas.

En términos más generales, y a diferencia de otros movimientos fundamentalistas islámicos de la región, es importante señalar que el proceso de aburguesamiento de los dirigentes de Hamás ha sido más limitado. Este fenómeno está vinculado a los límites impuestos a cualquier desarrollo capitalista significativo y proceso de acumulación de capital en los TPO y, más concretamente, en la Franja de Gaza desde la imposición del

---

6 El analista palestino Khaled Hroub afirma que estos últimos siempre han sido considerados con respeto y admiración por sus continuas donaciones al movimiento.

asedio en 2005, resultante de la ocupación israelí y las políticas de "des-desarrollo" impuestas por el Estado de Israel, como se ha explicado anteriormente. Israel ha aplicado una política destinada a limitar cualquier forma de desarrollo económico e institucional autóctono que pudiera contribuir a la reforma estructural y a la acumulación de capital, especialmente en el ámbito industrial. Israel ha impedido a los palestinos desarrollar industrias locales que pudieran competir con las industrias israelíes, aumentando y manteniendo la dependencia de la economía de las importaciones israelíes. Los grandes conglomerados que dominan la economía de Cisjordania tienen, de hecho, sus sedes principalmente en el Golfo. La estrategia económica de la ANP ha sido, por otro lado, fortalecer estos grandes conglomerados, aunque ello signifique ampliar las desigualdades en la sociedad palestina.

Hamás también ha sabido construir una nueva clase mercantil vinculada al partido desde finales de los años 2000 y principios de década de 2010 gracias a la expansión masiva de las actividades económicas de los túneles con Egipto. La Franja de Gaza incluso experimentó un "boom económico", según un informe del Banco Mundial de 2011, con un crecimiento del PIB del 28% en los seis primeros meses de ese año. El mercado laboral en el primer semestre de 2011 se caracterizó por un crecimiento relativamente importante en el empleo. La tasa de desempleo en sentido amplio cayó al 32,9% a mediados de 2011, frente al 45,2% del segundo semestre de 2010, según el informe sobre la Franja de Gaza correspondiente a los seis primeros meses de 2011 realizado por la UNRWA. El empleo total había aumentado un 21% en comparación con el año anterior, con la creación de unos 41.270 puestos de trabajo adicionales. Los refugiados representaron alrededor de la mitad de este crecimiento. La industria de los túneles y las actividades vinculadas a ella o que se benefician de ella fueron los principales motores del aumento del empleo en el sector privado, sobre todo a través de la creciente importación de materiales de construcción. En términos geográficos, esta nueva prosperidad modificó la distribución del empleo: en el norte disminuyó, mientras que en el sur experimentó un auge. Bayt Hanun, antaño la puerta de entrada de Gaza a Israel, se hundió en la depresión, mientras que Rafah, hasta entonces la ciudad más pobre del enclave, estaba en auge. La economía del túnel era la principal razón de este auge, estimado por los empresarios gazatíes en más de 700 millones de dólares al año, lo que reforzó el poder de Hamás. La mayoría de los túneles fueron financiados por inversores privados, en su mayoría miembros de Hamás, que se aliaron con familias a ambos lados de la frontera. Un informe de la Organización Internacional del Trabajo citaba la aparición de 600 "millonarios del túnel", que han invertido especialmente en la compra de terrenos e inmuebles. Las brigadas de Al-Qassam habían impuesto su vigilancia sobre una gran parte de la red de túneles, que anteriormente había estado bajo la autoridad de clanes diversos y de otros partidos políticos. Sin embargo, desde mediados de 2012, pero sobre todo tras la llegada al poder del dictador egipcio Sissi tras el golpe militar contra la presidencia de Morsi en julio de 2013, la actividad en los túneles se vio duramente golpeada y disminuyó considerablemente. El régimen militar egipcio cerró numerosos túneles de contrabando que unían el Sinaí con Gaza y los inundó con aguas residuales.

Hamás, al igual que los Hermanos Musulmanes, está a favor de una economía basada en el capitalismo y el libre mercado. Hamás suscribe la creencia, extendida en los círculos dirigentes de los movimientos fundamentalistas islámicos, de que la religión islámica promueve la libre empresa y consagra el derecho a la propiedad privada. En una entrevista que realicé en 2012, Ali Baraka, representante de Hamás en el Líbano, dijo que Hamás estaba en contra de una economía socialista, ya que iba en contra de los derechos individuales y del derecho a la iniciativa empresarial, y que en su lugar apoyaba la iniciativa privada. El modelo económico islámico evocado por miembros de Hamás no contradice en absoluto el sistema capitalista. Las fuentes de financiación de Hamás también explican la ausencia de oposición al sistema capitalista y a su programa económico más bien conservador. El movimiento islámico palestino está financiado por la República Islámica de Irán, por Qatar, por donaciones de hombres de negocios palestinos de la diáspora[7] y por actividades de recaudación de fondos principalmente en las monarquías del Golfo, pero también en otros países como Turquía y Malasia desembolsadas al partido y/o a organizaciones benéficas, instituciones y proyectos caritativos afiliados a Hamás dentro de los TPO. El Tesoro norteamericano ha acusado a Hamás de haber creado una red secreta de empresas que gestionan inversiones en empresas de diversos países de la región, como Sudán, Turquía, Arabia Saudí,

---

7 Un indicador de este apoyo es la persecución por parte de Estados Unidos de empresarios palestinos en varios países de la región que financian o facilitan la financiación de Hamás.

Argelia y los Emiratos Árabes Unidos, por un valor de aproximadamente 500 millones de dólares.

Autoritarismo y *Hala Islamya* (esfera islámica)

El reinado de Hamás en la Franja de Gaza desde 2007 ha estado marcado por el asedio mortal impuesto por el ejército israelí de ocupación en este territorio desde 2005, con la ayuda del régimen egipcio y las políticas represivas de la ANP en Cisjordania, especialmente contra los miembros, organizaciones e instituciones de Hamás o ligadas al partido, y, en términos más generales, contra la sociedad civil en su conjunto, con los acontecimientos políticos regionales negativos que sirven de telón de fondo. Estos factores han influido, desde luego, en la política de Hamás en Gaza, que ha estado marcada por un cierto grado de autoritarismo y represión desde 2007.

En su informe de 2022, Amnistía Internacional, la organización de derechos humanos, afirmaba que:

> "En la Franja de Gaza, un clima general de represión, tras las sanciones brutales contra manifestaciones pacíficas acaecidas a causa del aumento del coste de la vida en 2019, ciertamente ha disuadido eficazmente a la disidencia, dando lugar a menudo a formas de autocensura".

Otras organizaciones palestinas también han condenado las violaciones de derechos humanos cometidas por Hamás, incluidas las torturas y castigos corporales. También se ha acusado a Hamás de amenazar a los periodistas que critican a su gobierno. Muchas protestas políticas públicas han sido reprimidas. Tanto las manifestaciones que cuestionaban por ejemplo la división interna del movimiento palestino (Hamás/OLP) el 15 de marzo de 2011 como, más recientemente, en julio de 2023, cuando las fuerzas de seguridad de Hamás volvieron a reprimir, en varias ciudades de la Franja de Gaza, al movimiento de protesta contra los cortes crónicos de electricidad y las difíciles condiciones de vida, así como contra la mala gobernanza, la corrupción y el autoritarismo de Hamás.

Este ambiente autoritario se pone de relieve en diversas encuestas realizadas por el Centro Palestino de Investigación de Encuestas y Políticas (PSR), en las que amplios sectores de la población palestina de Gaza afirmaron que no podían criticar a las autoridades de Hamás con impunidad, con porcentajes que alcanzaron el 67,9% de los encuestados en 2014 y el 59% en 2023.

A su vez, Hamás ha continuado la afirmación de su política conservadora de islamización de la sociedad gazatí a través de su control de la administración pública, así como a través de organizaciones vinculadas al partido, y también utilizando medidas represivas. Ya a finales de los años ochenta y noventa, *al-Mujamma al-Islami* y Hamás habían desempeñado un papel importante en la imposición, mediante diversas formas de coacción, de normas sociales conservadoras en Gaza[8]. En este contexto, se cerraron algunos cibercafés para

---

8 Hamás, por ejemplo, dirigió campañas en los años ochenta y noventa para imponer el velo islámico a las mujeres, utilizando tanto la propaganda como la violencia, particularmente en la Franja de Gaza. Contra los intentos violentos de imponer el hiyab a las mujeres, éstas recibieron poco o ningún apoyo de los líderes nacionales de la *Intifada*, incluidos los grupos nacionalistas y de izquierdas, que no lograron contrarrestar dicha campaña y, en cierta medida, han participado en ella, como Al Fatah, en un intento de demostrar que no eran menos "morales" que Hamás. Hamás también ha lanzado campañas para cerrar cines y restaurantes que venden alcohol.

proteger los "valores morales" e impedir que se mezclaran hombres y mujeres. El Ministerio del Interior lanzó campañas de intimidación para prohibir a los peluqueros varones peinar a las mujeres o trabajar en los domicilios de las peluqueras, mientras que los peluqueros que incumplían esta norma eran agredidos. Las medidas represivas del gobierno de Hamás y los ataques de grupos armados "desconocidos" también se han dirigido contra instituciones o individuos que no respetaban la *hala islamyya*, la "esfera islámica".

La actitud de Hamás hacia las mujeres ha evolucionado desde su creación al concederles un lugar más importante dentro del partido, pero siempre desde una perspectiva islámica conservadora. Por ejemplo, Hamás anima a cursar estudios superiores y a participar más en la vida pública, en particular dentro de las instituciones del partido y del territorio, pero respetando normas islámicas como por ejemplo la segregación sexual y favoreciendo principalmente los empleos considerados una extensión del papel reproductivo de la mujer, como la enseñanza, la enfermería, etc. El movimiento islámico palestino define la función primordial de la mujer como la "maternidad" y, en particular, la inculcación de los principios islámicos a la siguiente generación[9]. Sin duda, Hamás no es el único actor de la región que promueve una visión patriarcal de la sociedad que refuerza la dominación masculina y la limitación de las mujeres a papeles subordinados en la sociedad. Sin embargo, la organización islámica palestina ha reforzado y profundizado estas dinámicas en Gaza. El

---

9 Por ejemplo, Hamás saludó, en el Día Internacional de la Mujer en marzo de 2021, el papel de las mujeres palestinas como madres y esposas en el mantenimiento de la cohesión social mediante la protección de la familia, elemento básico de la sociedad y garante de su estabilidad.

gobierno de Hamás ha implantado la segregación sexual en todas las escuelas de Gaza desde abril de 2013 para el alumnado mayor de nueve años con el pretexto de proteger la identidad islámica de Gaza. Las autoridades de Hamás han impuesto, en varios casos, determinados comportamientos para preservar supuestamente el honor de las mujeres[10] y el de la familia, mientras que un tribunal islámico dictaminó que las mujeres necesitaban la autorización de un tutor masculino para viajar. Ello provocó resistencias en la sociedad palestina, pero para Hamás, como para otros movimientos fundamentalistas islámicos de la región, este modelo se considera el único camino correcto para las mujeres, de lo contrario se las considera extranjeras en su propia sociedad e influenciadas por el imperialismo cultural occidental.

Estrategia y alianza regional

En cuanto a las alianzas políticas regionales, los dirigentes de Hamás cultivaron alianzas con Qatar y Turquía, así como con la República Islámica de Irán, que es su principal apoyo político, financiero y militar. El aporte anual de Irán al partido se estima en unos 75 millones de dólares[11].

Desde hace varios años, pero con mayores dificultades, Hamás ha intentado mejorar sus relaciones con otras monarquías del Golfo, en particular el Reino Saudí. A principios de 2021, el jefe de Hamás, Ismaïl Haniyeh, alabó los esfuerzos del rey saudí Salman

10 En 2006, el manifiesto político de Hamás para las elecciones legislativas afirmaba que las mujeres debían recibir una educación islámica, para garantizar que su "independencia" se basara en "la castidad, la decencia y la observancia".
11 Según el Departamento de Estado estadounidense, la República Islámica de Irán proporciona hasta 100 millones de dólares al año a Hamás y a otros grupos militantes palestinos.

bin Abdul-Aziz al-Saud y del príncipe heredero Mohammed bin Salman por resolver la crisis del Golfo y lograr la reconciliación entre Qatar, Arabia Saudí y los Emiratos Árabes Unidos. En octubre de 2022 el Reino de Arabia Saudí liberó al antiguo representante de Hamás, Mohammed al-Judari, así como a su hijo Hani al-Judari, y los deportó a Jordania tras más de tres años detenidos.

En términos más generales, Hamás ha observado con creciente preocupación la conclusión de los Acuerdos de Abraham negociados por Estados Unidos en el verano de 2020, que formalizan la normalización continuada de las relaciones entre Israel y los Estados árabes. No debemos olvidar el acercamiento entre Turquía e Israel: en marzo de 2022, el presidente Isaac Herzog fue el primer alto cargo israelí en visitar Turquía desde 2008. Este contexto no ha hecho sino reforzar la alianza crucial de Hamás con Irán y, por tanto, con Hezbolá. Sus relaciones con Teherán han seguido proporcionando a Hamás asistencia militar en armas y entrenamiento, así como una financiación substancial[12].

Los cambios de dirección en el seno de Hamás también han tenido su impacto. Si bien es cierto que las relaciones con Irán se han mantenido en el plano político y militar durante la última década —a pesar de los desacuerdos sobre el levantamiento sirio, especialmente la negativa a apoyar la represión del régimen despótico de Damasco contra el movimiento popular de protesta—, la sustitución de Jaled Meshaal

---

12 Irán redujo su ayuda a Hamás tras el estallido del levantamiento en Siria y la negativa del movimiento palestino a apoyar la represión asesina del régimen sirio contra los manifestantes. La investigadora Leila Seurat calcula que Irán redujo a la mitad su ayuda económica a Hamás en 2013, de 150 millones de dólares a menos de 75 millones anuales.

por Ismael Haniyeh al frente de Hamás en 2017 abrió el acercamiento real con Hezbolá e Irán. Además, el nombramiento del jeque Saleh al-Arouri —uno de los fundadores del brazo armado de Hamás, las Brigadas al-Qassam— como jefe adjunto del buró político del grupo, también facilitó dicha evolución. Al igual que la elección de Yahya Sinwar, otro miembro fundador de las Brigadas al-Qassam, a la cabeza del movimiento en Gaza. En efecto, la rama militar siempre ha mantenido estrechos vínculos con Irán, a diferencia del buró político del movimiento, dirigido por Meshaal. De hecho, los dirigentes de las Brigadas al-Qassam se opusieron a las tentativas de aquél, durante su mandato, de distanciar a Hamás de Irán y Hezbolá, prefiriendo mejorar las relaciones con Turquía, Qatar e incluso Arabia Saudí, en un momento dado.

Desde entonces, los responsables de Hamás han incrementado sus visitas a Teherán para reunirse con el comandante de la Guardia Revolucionaria Qasem Soleimani, al tiempo que alaban, en los medios de comunicación, la ayuda recibida. Han afirmado en sendas ocasiones que el grupo había logrado aumentar significativamente sus capacidades militares gracias al dinero, equipamiento y conocimientos técnicos de Irán.

Sin embargo, la renovada y profundizada relación con Irán no ha estado exenta de críticas en la Franja de Gaza e incluso entre la base popular de Hamás. Una foto del difunto comandante de la Fuerza Quds iraní, el general Qassem Soleimani, expuesta en una valla publicitaria en la ciudad de Gaza, fue objeto de vandalismo y demolida pocos días antes del primer aniversario de su muerte. El instigador de la acción, Majdi al-Maghribi, acusó a Soleimani de ser un criminal. También se descolgaron y destrozaron pancartas de Soleimani, y un vídeo mostró a un individuo que le llamaba "asesino de sirios e iraquíes".

El asesinato de Soleimani por un ataque estadounidense en Bagdad en 2020 fue condenado enérgicamente por Hamás y Haniyeh incluso viajó a Teherán para asistir a su funeral.

Del mismo modo, el restablecimiento de vínculos entre el régimen sirio y Hamás a mediados de 2022 debe verse como un intento de Teherán de consolidar su influencia en la región y normalizar sus relaciones con sus dos aliados. Dicho esto, cualquier cambio en las relaciones entre Siria y el movimiento palestino no significará una vuelta a la situación anterior a 2011, cuando los líderes de Hamás gozaban del privilegio de un importante apoyo del régimen sirio. Los responsables sirios muy probablemente han reducido sus críticas públicas a Hamás como parte de su alianza con Irán, pero no han restablecido ninguna forma de apoyo estratégico, militar y político, al menos a corto plazo. Las relaciones futuras entre el régimen sirio y Hamás están, por tanto, regidas en gran medida por intereses estructurados y vinculados a Irán y Hezbolá. Además, la "reconciliación" refleja un problema más general en la estrategia política de la lucha de liberación del pueblo palestino.

Sin embargo, Hamás no es simplemente una marioneta de Irán. Tiene su propia autonomía en relación con

Teherán, ya que sus desacuerdos sobre Siria y Bahréin lo han demostrado en el pasado.

Conclusión

Tras el 7 de octubre, Hamás ha logrado posicionarse una vez más como el principal actor de la escena política palestina, aumentando la marginación de una ANP cada vez más debilitada. Los sondeos realizados en los TPO a finales de 2023 muestran la creciente popularidad de Hamás y un continuo debilitamiento de la ANP. A su vez, la cuestión palestina vuelve a estar en la agenda israelí y regional.

Sin embargo, Hamás, como el resto de los partidos políticos palestinos, desde Al Fatah hasta la izquierda, no considera a las masas palestinas, a las clases trabajadoras de la región y a los pueblos oprimidos fuerzas capaces de lograr su liberación. En lugar de ello, buscan alianzas políticas con las clases dominantes de la región y sus regímenes para sostener sus batallas políticas y militares contra Israel. Los dirigentes de Hamás persiguen una estrategia similar; sus dirigentes han cultivado alianzas con las monarquías de los Estados del Golfo, especialmente Qatar y Turquía, así como con el régimen iraní. En lugar de hacer avanzar la lucha, estos regímenes más bien limitan su apoyo en la medida en que contribuye al avance de sus intereses regionales, y lo traicionan cuando no es el caso.

Un posicionamiento claro de crítica a las orientaciones políticas, sociales y económicas de Hamás no debe, sin embargo, impedir que la izquierda local e internacional apoye la lucha palestina contra un régimen de *apartheid*, colonial y racista apoyado por el imperialismo occidental. Los que dicen que debemos sólo apoyar la resistencia comunista o dirigida por la izquierda, están cometiendo un grave error y denotan una falta de apoyo internacionalista. Se trata en realidad de una vieja posición ultraizquierdista sobre la cuestión nacional que Lenin ya había criticado duramente. El apoyo a una lucha legítima contra una ocupación extranjera debe darse independientemente de cuál sea la naturaleza de su dirección. Del mismo modo, no condenamos el envío de armas a la resistencia palestina por parte de Estados autoritarios. En conclusión, es importante reiterar nuestro apoyo al derecho del pueblo palestino a la resistencia, incluida la resistencia armada, sin confundir esta posición de principio con el apoyo a las perspectivas políticas de los líderes o grupos políticos que las dirigen, incluido Hamás.

VI. PALESTINA Y LAS REVOLUCIONES EN ORIENTE MEDIO Y EL NORTE DE ÁFRICA

La clave para desarrollar la mejor estrategia para la liberación de Palestina es volver a situarla en su contexto regional, en particular porque los y las refugiadas palestinas están integradas en los distintos países de Oriente Medio y, en menor medida, en el Norte de África. Su lucha nacional y de clase está necesariamente entrelazada con la de las masas de la región.

Estas masas recuerdan la lucha de las generaciones anteriores contra el colonialismo, se oponen a las "potencias imperialistas" que apoyan a los regímenes que las oprimen, se identifican con la lucha de los palestinos, y por tanto ven que su propia lucha por la democracia y la igualdad está ligada a la victoria de los palestinos. Es la razón por la cual existe una relación dialéctica entre ambas luchas. Cuando los palestinos luchan, desencadenan un movimiento regional de liberación y dicho movimiento regional alimenta a su vez a la Palestina ocupada.

Su revuelta conjunta tiene el poder de transformar toda la región, derrocar regímenes, expulsar a las potencias imperialistas, acabar con el apoyo de los imperialistas al Estado de Israel, debilitándoles en el proceso, y demostrar a los trabajadores israelíes que la transformación de la región puede poner fin a su explotación. El ministro de extrema derecha Avigdor Lieberman[1] reconoció el peligro que los levantamientos populares de la región representaban para Israel en 2011, cuando afirmó que la revolución egipcia, que derrocó a Hosni Mubarak y posibilitó un periodo de apertura democrática en ese país, constituía una amenaza mucho mayor para Israel que Irán. El poder y el potencial de esta estrategia regional se ha demostrado en varias ocasiones. En los años sesenta y setenta, el movimiento palestino provocó un aumento de la lucha de clases en toda la región[2]. En el año 2000, la segunda *Intifada* marcó el comienzo de una nueva era de resistencia, inspirando una ola de movilización que finalmente culminó en 2011 en el estallido de una serie de revoluciones —desde Túnez a Egipto y Siria—.

En el verano de 2019, los palestinos del Líbano organizaron manifestaciones masivas en los campos de refugiados durante semanas contra la decisión del Ministerio de Trabajo de tratarlos como extranjeros, que consideraban una forma de discriminación y racismo

---

1 Ministro de Asuntos Exteriores en aquel momento, unas declaraciones recogidas por el diario israelí *Maariv*. [N. del E.]
2 Véanse algunos ejemplos en este artículo: https://www.contretemps.eu/partilactioncommuniste-Siria/

contra ellos. Su resistencia contribuyó a inspirar el levantamiento libanés de octubre de 2019.

Para aplicar una estrategia fundada en dicha solidaridad regional, los grupos y movimientos palestinos deben abandonar la política de no intervención en los asuntos de los países de la región adoptada por la ANP, Hamás y la mayor parte de la izquierda. Dicha no intervención era la condición para obtener la ayuda de los distintos regímenes. Pero aceptarla significa aislarse de las fuerzas sociales que pueden ayudarles a conquistar su liberación.

En lugar de hacer eso, la lucha palestina debe volver a la estrategia revolucionaria regional de los movimientos de izquierda de los años sesenta. Desgraciadamente, la mayoría de ellos han abandonado dicha estrategia para seguir a la OLP, aliándose con los Estados reaccionarios de la región.

La estrategia de la revolución regional basada en la lucha de clases desde abajo es el único modo de liberarse de Israel y de la tutela de los Estados de la región, así como sus apoyos imperialistas, como Estados Unidos, China y Rusia, entre otros. En este combate, los palestinos y los pueblos de otros países deben hacerse suyas todas las reivindicaciones de los y las que sufren opresión nacional, siguiendo el ejemplo de los kurdos[3], y los pueblos sometidos a otras formas de opresión

---

3 Debería haber más colaboración entre los movimientos de liberación palestino y kurdo, sobre todo. Aunque reconocemos que existen diferencias entre ambas causas, están vinculadas por su carácter emancipador y su desafío al sistema regional e imperialista. Las clases dominantes de la región e internacionales se han opuesto a cualquier forma de liberación de ambos pueblos.

étnica, confesional y social. Ha llegado el momento de resucitar una estrategia regional. El conjunto de Oriente Medio y el Norte de África está inmerso en un proceso revolucionario a largo plazo, enraizado en las aspiraciones políticas y económicas de las masas que han estado bloqueadas desde hace tanto tiempo[4]. Ya se han producido dos oleadas de levantamientos populares, la primera en 2011, que sacudió a toda la región, y una segunda en 2018 y 2019, que ha barrido Sudán, Líbano, Argelia e Irak.

Al no haberse atendido ninguna de las reivindicaciones populares, no cabe duda de que una tercera oleada está en camino. Y Palestina puede y debe estar en el centro de esta próxima ola, luchando por su liberación y la de toda la región.

---

4 Para más información véase: https://puntodevistainternacional.org/textos-de-combate/mundo-arabe-diez-anos-despues-del-comienzo-de-los-levantamientos-populares-esto-es-solo-el-comienzo/

VII. ¿QUÉ SOLUCIÓN?

Apoyamos la siguiente solución a la cuestión palestina y a la cuestión judía en primer lugar:

1) El desmantelamiento del Estado colonial de *apartheid* y ocupación de Israel, que no ha traído más que sufrimiento a la población palestina y que nunca ha permitido a la población judía de Israel y de otros lugares vivir en seguridad, contrariamente a las afirmaciones y la propaganda mentirosa de su gobierno;

2) El establecimiento en la Palestina histórica de 1948 de un Estado democrático, social y laico para todos (israelíes y palestinos) sin ninguna forma de discriminación. En este Estado, todo palestino, ya sea refugiado interno o refugiado en países extranjeros, tendría derecho a regresar a su tierra y a reclamar su hogar original del que fueron desplazados por la fuerza en 1948, 1967 y posteriormente.

A su vez, la liberación de Palestina debe implicar la reconstrucción del país. Por lo tanto, es necesaria una revolución agraria que permita a los palestinos que lo deseen recuperar sus tierras sin hacer retroceder la agricultura actual y reducir la pobreza de quienes la trabajan. Se necesita una planificación económica y humana que permita a los refugiados liberarse socialmente sin expulsar a millones de judíos (esto también forma parte de los cambios estructurales que ha provocado el colonialismo). En términos más generales, también debemos incluir un proyecto global de desarrollo económico y reconstrucción para garantizar a los palestinos sus derechos sociales y económicos. Ignorarlos no sólo sería reaccionario, sino que estaría condenado al fracaso.

Desde un punto de vista internacionalista, cualquier solución progresista a la cuestión de Palestina requiere el reconocimiento del derecho a la autodeterminación nacional del pueblo palestino y el derecho de los refugiados a reintegrarse en su patria en un marco federal socialista regional.

Como decía León Trotsky, "la cuestión judía no se resolverá con el sionismo o la creación de un Estado judío".

La cuestión de un Estado binacional en Palestina, es decir, el reconocimiento de derechos autónomos para los judíos israelíes o reconocimiento de los judíos israelíes como entidad nacional, sólo podrá plantearse cuando hayan desaparecido todas las instituciones sionistas.

Defender hoy el derecho de los judíos israelíes a la autodeterminación es reaccionario o bien totalmente absurdo: reaccionario puesto que equivale a reconocer la legitimidad del colonialismo sionista; absurdo en la medida en que tal defensa se presentaría como una reivindicación, mientras que los judíos están en condiciones, no sólo de lograr su autodeterminación, sino también de rechazar la de los palestinos.

Como decía el partido de extrema izquierda israelí Matzpen:

> No se trata del derecho a la autodeterminación de los judíos israelíes en el contexto actual. Lo que estamos discutiendo aquí es el derecho a la autodeterminación en el marco de la revolución socialista...

En otras palabras, estamos hablando del derecho a la autodeterminación de los judíos israelíes una vez que el sionismo haya sido derrotado y destruido el Estado judío. Pero añade:

> El derecho a la autodeterminación de los judíos israelíes no puede limitar el derecho al retorno de los palestinos.

Sólo mediante esta estrategia revolucionaria regional podremos contemplar una solución que implique el establecimiento de un Estado democrático, socialista y laico en la Palestina histórica, con igualdad de derechos para los pueblos palestino y judío, dentro de una federación socialista a escala del MONA.

Para llevar a la práctica esta estrategia, los y las palestinas deben forjar una nueva dirección política comprometida con la autoorganización desde abajo dentro de la Palestina histórica y en toda la región. No pueden lograrlo en solidario, sino colaborando con los socialistas de Egipto, Líbano, Siria, Irán, Turquía, Argelia y el resto del mundo. La tarea más importante para los y las que están fuera de la región es ganarse a la izquierda, a los sindicatos, a los grupos y movimientos progresistas para que apoyen la campaña Boicot, Desinversión y Sanciones (BDS) contra Israel. Inspirada en la lucha sudafricana contra el *apartheid*, varios centenares de organizaciones palestinas de la sociedad civil lanzaron en 2005 un llamamiento al boicot, la desinversión y las sanciones contra Israel hasta que respete el derecho internacional y los principios universales de los derechos humanos.

La campaña BDS vuelve a situar en el centro de las preocupaciones del movimiento de solidaridad con Palestina los derechos fundamentales del pueblo palestino:

1) poner fin a la ocupación y colonización de todas las tierras árabes y desmantelar el Muro;

2) reconocer los derechos fundamentales de los y las ciudadanas árabe-palestinas de Israel a una igualdad absoluta;

3) respetar, proteger y promover los derechos de los refugiados palestinos a regresar a sus hogares y propiedades de acuerdo con la Resolución 194 de la ONU.

Al imponer estos objetivos a las instituciones y empresas de las potencias imperialistas, en particular Estados Unidos, contribuiremos a bloquear su apoyo a Israel y a otros regímenes despóticos y a debilitar su control sobre la región.

La emancipación de Palestina pasa pues por la liberación de todos los pueblos que viven bajo los tiranos de Damasco, Riad, Doha, Teherán, Ankara, Abu Dhabi, El Cairo, Ammán y todos los demás. Como escribía en el verano de 2014 un revolucionario sirio de los Altos del Golán ocupados por Israel, "La libertad, un destino común para Gaza, Yarmouk y los Altos del Golán". Este lema conlleva la esperanza de una transformación revolucionaria de toda la región, única estrategia realista para la liberación.

VIII. ANEXO I:
EL NACIMIENTO DEL ISLAM

El Islam nació en el Hedjaz, una región que se extiende al oeste de Arabia, a lo largo del Mar Rojo.

Mahoma, el profeta del Islam, nació entre 570 y 580 y pertenecía a la tribu Quraysh, que controlaba la ciudad de La Meca. Allí recibió sus primeras revelaciones y comenzó a predicar. Pero fue en la ciudad de Yathrib (más tarde Medina) donde sentó las bases de su obra, al reunir a todos sus discípulos y lograr nuevos seguidores. Sentó las bases de una nueva religión e instituyó un nuevo orden jurídico, social y político. Por eso la fecha del comienzo de la era musulmana es la fecha de emigración, *hijra*, del Profeta a Yathrib en el año 622 de la era cristiana. Yathrib fue designada como la ciudad del Profeta, *madînat al-nabî*, Medina.

Los conflictos políticos que siguieron a la muerte del Profeta Muhammad (Mahoma) en el año 632 estuvieron motivados por cuestiones faccionales, políticas y referidas a la cuestión de la transmisión del poder. La naturaleza, legitimidad y prerrogativas de las instituciones del Califato nunca se pusieron en tela de juicio. Los cuatro primeros califas —conocidos como *al-Rashidun*, "los guiados o dirigidos", entre 632 y 661, heredaron la autoridad religiosa y prerrogativas reales.

El desacuerdo sobre la sucesión del Profeta fue el siguiente:

- algunos preferían un califa ("sucesor del profeta") que fuera parte de la familia del profeta y de sus descendientes;
- otros, elegidos o designados por un consejo, que procediera de la tribu de los Quraysh. Sus súbditos le deben obediencia, cualesquiera que sean sus faltas personales.

La cuestión se resolvió más o menos sin violencia con los califas Abu Bakr y Omar hasta el asesinato del tercer califa, Othman, en 657 tras una violenta revuelta, que puso en tela de juicio su gobierno, en particular sus intentos de centralización, el favoritismo hacia su clan y su tiranía.

Alí, yerno, primo e "hijo espiritual del Profeta", a quien algunos consideran el sucesor legítimo desde el principio, se convirtió en el cuarto califa, pero su legitimidad siguió siendo muy débil, sobre todo para el clan omeya de Othman. Surgieron nuevos conflictos. Fue a partir de entonces que la batalla por la sucesión se convirtió en una escisión fundamental dentro del Islam. Esto es lo que los musulmanes llaman la "gran discordia", *al-fitna al-kubra*.

Los chiíes, *Shi'a ali* (facción o partido de Alí), surgidos de una oposición ante todo política, reconocían a Alí como el primer y único sucesor del profeta, formaron gradualmente un grupo religioso autónomo. Los suníes, por su parte, apoyaban al clan omeya al que pertenecían Othman y uno de sus parientes, Muawiyya, a quien había nombrado gobernador de Damasco durante el periodo de su califato.

Estalló la guerra entre los partidarios de Alí y el clan omeya dirigido por Muawiyya. La guerra terminó cuando Alí, tras aceptar la paz, fue asesinado en 661 por uno de sus partidarios, que consideró el acto como una traición a su causa, ya que el juicio, que sólo correspondía a Dios, debía ser revelado por el resultado de la batalla. Abandonaron el ejército de Alí y establecieron su propio campamento. Este fue el nacimiento del jariyismo, la tercera rama del Islam[1].

En el momento en que Muawiyya, el quinto califa, tomó el poder fundando la primera dinastía musulmana

---

1 Los jariyíes apoyaron inicialmente a Alí, pero se sintieron traicionados por su armisticio. Estaban en contra del principio mismo del califato. Los jariyitas proponen por tanto una tercera lectura, considerando a cualquier musulmán capaz de convertirse en jefe de la comunidad. El ibadismo, rama principal del jariyismo, es ahora la religión oficial del sultanato de Omán, pero también entre los bereberes del norte de África, principalmente en la isla de Djerba, en Túnez, en el Djebel Nefoussa en Tripolitania, en Libia, y en el valle del Mzab, en Argelia.

de los Omeyas, los musulmanes ya estaban divididos en tres ramas:

- los suníes, que apoyaban a Muawiyya, fundador del Imperio Omeya;
- los chiíes, que apoyaban a Alí, a sus hijos Hassan y Hussein y, más tarde, a todos sus descendientes;
- los jariyíes, hoy prácticamente desaparecidos.

En 680 estalló otra guerra entre los suníes (con el hijo de Muawiyya, Yazid) y los chiíes (Hussein, hijo de Alí y sus partidarios). El conflicto terminó con la masacre de Hussein, sus tropas y su familia en Karbala (Irak). Este acontecimiento se volvería muy importante en el patrimonio histórico religioso chií. La masacre de Karbala iba a inaugurar una cultura del martirio muy pronunciada que ya había comenzado con el asesinato de Alí, y convertiría la tumba de Hussein, junto con la de su padre, en uno de los principales lugares sagrados entre los chiíes. Fue a partir de este episodio histórico que dio origen a la festividad de *Ashûra*, que tiene una importancia capital en la teología chií y conmemora la masacre de Hussein.

Ambas corrientes se adhieren a la *Sunna*[2] del Profeta, pero la definen de formas distintas y no tienen el mismo corpus de *hadices*[3]. Para los chiíes, los escritos de los imanes se añaden a los del Profeta. Los chiíes no tienen las mismas cadenas de transmisión que los

---

2 Se refiere a la tradición y las prácticas del profeta Mahoma y es un modelo a seguir para la mayoría de los musulmanes. [N. del E.]
3 Los *hadices* son una recopilación de todos los dichos, hechos y acciones de Mahoma y, junto con el Corán, constituyen la base teológica y legislativa del Islam. [N. del E.]

suníes. La gran división teológica entre chiíes y suníes es la cuestión del imamato. Para los chiíes, el imamato no es comparable al califato para los suníes, ya que no se trata sólo de la sucesión del profeta, sino de uno de los fundamentos de la religión. Constituye incluso la doctrina central del chiísmo. Es más, el imamato no se limita al ejercicio del poder temporal, como ocurría con el califato tras la muerte del Profeta, sino que reúne los poderes temporales y espirituales.

En la actualidad, más de 1.600 millones de personas están afiliadas a la religión islámica. Esta religión se compone de varias corrientes. Las dos principales son el sunismo (80% de los fieles) y el chiísmo (15%).

IX. ANEXO II: LOS ACUERDOS DE OSLO Y SUS CONSECUENCIAS

Los Acuerdos de Oslo se firmaron el 13 de septiembre de 1993.

1994 - Creación de la Autoridad Nacional Palestina (ANP) en Gaza y Jericó.

1994 - Acuerdo de París sobre cuestiones económicas. Tratado de paz entre Israel y Jordania.

1995 - Acuerdo de Taba, "Oslo II": demarcación de las zonas A, B y C en los Territorios Ocupados:

- zona A (18% del territorio), donde se ejerce la "autonomía" palestina;
- zona B (21%), donde la responsabilidad civil corresponde a los palestinos y la seguridad a los israelíes;
- la zona C (61%), controlada exclusivamente por Israel.

Los asentamientos judíos —salvo Jerusalén Este— están prácticamente todos situados en la zona C, pero algunos se extienden ahora a la zona B. La mayoría de los palestinos viven en las zonas A y B.

Noviembre de 1995 - asesinato de Isaac Rabin, escalada de violencia entre fuerzas israelíes y Hamás, marcada por una oleada de atentados suicidas a principios de 1996, continua expansión de la colonización y victoria de Benjamin Netanyahu en las elecciones parlamentarias israelíes, que cambiaron toda la situación.

1996 - Creación y elección del Consejo Legislativo Palestino. Yasser Arafat es elegido presidente de la ANP, lo que supone eliminar de la Carta Nacional Palestina los artículos que ponen en cuestión la existencia de Israel.

1999 - A pesar de la victoria de Ehud Barak, que prometió cumplir las esperanzas de paz, las negociaciones fracasan en gran medida por culpa del gobierno israelí.

Septiembre de 2000 - estalla la segunda *Intifada*.

En muchos sentidos, los acuerdos de Oslo han permitido a Israel mantener su dominio total sobre los palestinos en los TPO y reforzar la colonización. El número de colonos se ha más que duplicado desde que se firmaron los acuerdos en 1993. Hay 229 asentamientos israelíes en Cisjordania y Jerusalén Este. En ellos viven más de 700.000 colonos, 200.000 de ellos en la parte oriental de Jerusalén, junto a unos 3 millones de palestinos y palestinas.

X. ANEXO III: PROYECTO DE TESIS SOBRE LA CUESTIÓN JUDÍA TRAS LA SEGUNDA GUERRA IMPERIALISTA[1] POR ERNEST MANDEL (1947)

La cuestión judía en el mundo capitalista

Pueblo comerciante cuya supervivencia entre otros pueblos está arraigada en una función social particular, los judíos han visto su destino determinado a lo largo de los tiempos por la evolución general de la sociedad, evolución que modificó sus relaciones con las diferentes clases. La revolución burguesa en Europa Occidental abrió las puertas de los guetos e integró a las masas judías en la sociedad circundante. La asimilación de los judíos parecía lograda. Pero en los países de Europa Central y Oriental, los mayores reservorios de judíos que durante siglos habían sido confinados al papel de intermediarios, entraron en la vía del desarrollo capitalista

---

1 Resolución del Secretariado Internacional de la Cuarta Internacional, 1 de enero de 1947.

en un momento en que el capitalismo mundial ya había alcanzado su apogeo.

El capitalismo ya había entrado en su fase imperialista. Así que las ancestrales relaciones de intercambio y producción se vieron súbitamente alteradas, sustrayendo a los judíos la base material de su existencia, ninguna industrialización masiva permitió la integración en el proletariado de estos millones de intermediarios que se habían vuelto inútiles. En consecuencia, la diferenciación social de las masas judías se vio obstaculizada. Sólo una pequeña proporción de judíos se convirtieron en capitalistas o proletarios; una proporción mayor emigró, frustrando así la tendencia a la completa asimilación que prevalecía en los países occidentales. La gran mayoría permaneció en un estado miserable como pequeños comerciantes, "aplastados entre el feudalismo y el capitalismo, la putrefacción del uno aumenta la putrefacción del otro" (Abraham Léon).

Los movimientos antisemitas del pasado siempre tuvieron una base social directa o indirecta. Eran movimientos de diferentes clases sociales cuyos intereses entraron sucesivamente en conflicto con la función social del judío. No será distinto con el resurgimiento del antisemitismo hacia principios del siglo XX.

En los países atrasados de Europa del Este, las fuerzas políticas reaccionarias supieron desviar el descontento y la desesperación de las masas hacia pogromos periódicos, ya que el odio del pueblo bajo al pequeño usurero y al prestamista judío de poca monta, a los tenderos y cabareteros era una realidad social innegable.

En los países de Europa central, movimientos antisemitas, como el del burgomaestre Lüeger en Viena, tenían sus raíces sociales en la exacerbación de la competencia en el seno de las clases medias liberales y comerciales, desbordadas por una avalancha de inmigrantes judíos.

En Francia, el movimiento antisemita desencadenado por el *affaire* Dreyfus tuvo su origen social en el odio de la aristocracia hacia los banqueros judíos que compraban sus castillos, y hacia los hijos de los aristócratas que vieron las carreras que habían sido antes "reservadas" para ellos, ocupadas exclusivamente por estos peligrosos competidores.

Estos estratos sociales lograron dirigir durante un tiempo sentimientos nacionalistas exacerbados contra los judíos de gran parte de la pequeña burguesía.

Hundiendo sus raíces en conflictos sociales específicos, aparecieron estos diversos movimientos antisemitas, con manifestaciones muy diferentes, que van desde los fenómenos más bárbaros (pogromos rusos) hasta la formulación de "refinadas" teorías nacionalistas propias de la época imperialista (Charles Maurras).

Las posibilidades sociales de asimilación de los judíos en Europa Occidental habían creado un poderoso movimiento ideológico hacia la asimilación total. La imposibilidad de una asimilación masiva de los judíos en Europa del Este dio lugar a un poderoso movimiento a favor de un renacimiento nacional y la preservación de las particularidades nacionales. Fue en medio de grandes concentraciones de judíos en Polonia, Lituania, Rusia occidental, Hungría, Rumanía y Eslovaquia que se desarrolló una nueva literatura en yiddish, un nuevo folclore, una intensa vida cultural e incluso una política autónoma (el "Bund" en el movimiento obrero). En la medida en que las masas judías que emigraron a Estados Unidos se encontraron socialmente confinadas a sectores específicos de la vida económica, y concentradas geográficamente, este movimiento se extendió a dichos países. Lenin, el único capaz de aplicar una estrategia marxista a la cuestión nacional dentro de la Segunda Internacional, rechazó toda pedantería en su juicio sobre esta corriente. Partió del punto de vista de que la tarea del partido revolucionario consistía en integrar en el movimiento por la emancipación proletaria todas las corrientes de autonomía cultural y nacional correspondientes a las verdaderas aspiraciones de las masas trabajadoras. Por ello reconoció la legitimidad, desde el punto de vista socialista, de este movimiento judío tanto como la del movimiento polaco o checo. La tarea de los obreros judíos era luchar, junto a los obreros del país en el que vivían, por el derrocamiento del capitalismo, tras lo cual después quedarían totalmente libres para organizar la autonomía nacional y cultural por la que optaran.

La época de la decadencia del capitalismo es al mismo tiempo la época de la crisis agravada del problema judío. La inflación, la presión acentuada del capital bancario y posteriormente la gran crisis económica arruinaron a millones de pequeños artesanos y comerciantes y exacerbaron el odio contra los competidores judíos. El terrible desempleo entre los trabajadores intelectuales y la creciente miseria de las profesiones liberales en Europa Central y Oriental crearon un clima particularmente favorable para el surgimiento de vastos movimientos de masas pequeñoburgueses con el antisemitismo como una de sus armas ideológicas. En los países de Europa Oriental, estos movimientos traducen una corriente popular profundamente arraigada que se manifestó en numerosas explosiones sangrientas. En Alemania fue el poder estatal, que, habiendo caído en manos de los dirigentes nazis, organizó desde arriba la persecución y más tarde el exterminio de los judíos. En este sentido fue el capitalismo decadente el que, a sabiendas, puso a las masas judías en manos de una banda de criminales sanguinarios, y es plenamente responsable del espantoso destino de las masas judías en Europa durante la guerra. El exterminio de los judíos europeos por el imperialismo alemán es una advertencia para todos los demás pueblos, mostrándoles el destino que les espera si la sociedad actual continúa pudriéndose.

El SIONISMO nació entre la pequeña burguesía judía de Europa Central como reacción al auge del antisemitismo a principios del siglo XX. Movimiento típicamente pequeñoburgués, permaneció durante mucho tiempo falto de apoyo de la burguesía judía y aislado de las masas. Durante la Primera Guerra Mundial, al querer el imperialismo británico utilizarlo como instrumento para instalarse en Palestina, parecía darle la oportunidad de convertirse en una realidad a través de la Declaración Balfour. A partir de ese momento se inició una ligera afluencia de capitales y un pequeño movimiento migratorio. No será hasta después del ascenso de Hitler al poder y la rápida caída en el abismo de todo el judaísmo europeo, que estos dos movimientos se "aceleraron", contrarrestados tanto por los estallidos nacionalistas árabes como por la política del imperialismo británico, erigiendo cada vez más barreras a la penetración judía en Palestina.

Para el proletariado revolucionario, el sionismo debe ser considerado como un movimiento a la vez utópico y reaccionario:

Utópico :

a. porque considera posible un desarrollo "armonioso" de las fuerzas productivas en una "economía cerrada" en Palestina, en medio de un mundo capitalista sometido a crecientes convulsiones económicas. El formidable desarrollo de la economía palestina que sería necesario para absorber a millones de inmigrantes es inviable en la actual economía capitalista mundial.

b. porque considera posible la creación de un Estado judío (o binacional) en medio de la hostilidad de 50 millones de árabes, aunque la inmigración judía y la progresiva industrialización del país aumentaría la población árabe en las mismas proporciones.

c. porque esperaba alcanzar este resultado apoyándose en maniobras entre las grandes potencias que, en realidad, quieren utilizar el movimiento sionista como peón en su juego de poder con el mundo árabe.

d. porque piensa poder neutralizar el antisemitismo en el mundo simplemente concediendo la nacionalidad a los judíos, mientras que dicho antisemitismo tiene profundas raíces sociales históricas e ideológicas que serán tanto más difíciles de erradicar en la medida en que se prolongue la agonía del capitalismo.

Reaccionario:

a. porque apoya la dominación imperialista británica dando al imperialismo el pretexto de "arbitrar" las disputas judeo-árabes, al exigir por sí mismo la continuación del Mandato Británico y desarrollando una economía judía "cerrada" en miniatura, en la que las masas trabajadoras tienen un nivel de vida muy superior e intereses inmediatos diferentes a los de las masas trabajadoras árabes.

b. porque provoca una reacción nacionalista por parte de las masas árabes, provoca una división racial en el movimiento obrero, acentúa la "unión sagrada" entre judíos y entre árabes y permite así al imperialismo perpetuar este conflicto, un medio de perpetuar la presencia de tropas en Palestina.

c. porque frena el movimiento por la revolución agraria al comprar tierras a los terratenientes árabes y explotándolas con subvenciones extranjeras como una agricultura judía "cerrada" dentro de la Palestina árabe. En consecuencia, se refuerza en cierta medida la posición de los terratenientes, se arrebata la tierra a los campesinos árabes y, lo que es más importante de todo, la masa judía de Palestina no tiene ningún interés en luchar por el reparto de las tierras de los "effendis[2]" entre los campesinos árabes, puesto que el reparto significaría el fin de sus compras de tierras.

d. porque obstaculiza la participación de las masas obreras judías en la lucha en el resto del mundo, las separa del proletariado mundial, les da objetivos autónomos que alcanzar y les crea ilusiones sobre la posibilidad de mejorar su suerte en el marco del capitalismo mundial en decadencia.

Por todas estas razones, el movimiento obrero revolucionario siempre ha librado una lucha violenta contra la ideología y la práctica sionistas. Los argumentos

---

2 Apelativo referido a los propietarios terratenientes del antiguo Imperio Otomano. [N. del T.]

esgrimidos por los representantes "socialistas" del sionismo en favor de su causa son los clásicos argumentos reformistas ("la posibilidad de mejorar gradualmente la situación de las masas judías"...) o bien argumentos social-patriotas ("la cuestión nacional debe resolverse primero para todos los judíos antes de empezar a resolver los problemas sociales de los trabajadores judíos") o bien los argumentos clásicos de los defensores del imperialismo ("La penetración judía en Palestina no sólo ha desarrollado la industria, sino también el movimiento obrero, la cultura general de las masas, su nivel de vida, etc."), argumentos esgrimidos por los defensores del colonialismo en todos los países.

El aspecto actual de la cuestión judía en el mundo

Después de la Segunda Guerra Mundial, la situación particularmente trágica de los judíos parece un símbolo de toda la tragedia de la humanidad deslizándose hacia la barbarie. Tras la espantosa catástrofe del judaísmo europeo, los judíos, dondequiera que estén, se enfrentan a una recrudecida hostilidad hacia ellos.

En Europa, dos años después de la "Liberación", más de 100.000 judíos siguen sometidos al más infame de los regímenes en los campos; los amos imperialistas que, en el curso de sus operaciones militares, han logrado desplazar a millones de hombres en el espacio de pocos días, no han sido capaces de encontrar, tras 20 meses de búsqueda, ningún refugio para estos disdichados supervivientes de los campos nazis. En el resto del continente, apenas subsisten un millón de judíos.

En Palestina, 700.000 judíos se enfrentaban a un mundo árabe en plena efervescencia. El desarrollo del capitalismo egipcio y sirio añadió el factor de la com-

petencia económica a las muchas causas del antisio-
nismo militante. El imperialismo británico, los feudales
y burgueses árabes harán todo lo que esté en su mano
para desviar el odio de las masas árabes oprimidas
contra el chivo expiatorio judío. Como resultado, los
judíos palestinos corren el riesgo de ser exterminados
en la explosión general que se está gestando en Oriente
Medio.

En la URSS, la burocracia utilizó, en su lucha contra la oposición, el antisemitismo que permanecía
latente en las masas campesinas y en las clases obreras atrasadas. Durante los años del Primer y Segundo
Plan Quinquenal, millones de comerciantes y artesanos judíos fueron integrados en los rangos inferiores
y medios de la burocracia como ingenieros, técnicos,
directores de cooperativas y en los estratos superiores
de los koljoses. Constituyen en Rusia occidental la parte
de la burocracia que está más directamente en contacto
con las masas oprimidas y es hacia ellos que se dirige
en gran medida el odio de las masas contra los parásitos
y aprovechados del régimen. Los sangrientos pogromos
desatados por la población indígena durante la invasión
alemana son claros indicios de la exacerbación de este
odio (70.000 judíos asesinados en Kiev en 24 horas).
Una acentuación de la crisis social en Rusia y la depu-
ración de la guerra civil pasaría por el exterminio de las
masas judías en caso de victoria de la contrarrevolución.

Por último, en Estados Unidos, el confinamiento de
los judíos a sectores específicos comerciales y a profesiones liberales creará durante la próxima crisis económica violenta la exacerbación de la competencia que
concederá al antisemitismo latente actual una poderosa
base material. La explotación reaccionaria de los pre-

juicios contra las "minorías raciales" ha sido durante mucho tiempo el arma favorita de los gángsters fascistas americanos. A medida que se acentúe la crisis social, la politización del movimiento obrero y la rápida descomposición de la "democracia" americana engendren el desarrollo de un partido fascista de masas, el antisemitismo, al igual que la agitación antinegra[3], adquirirán dimensiones monstruosas. El destino de los judíos en Estados Unidos está ligado al resultado de la gigantesca lucha entre la clase obrera americana y la burguesía yanqui. Una victoria de ésta última mediante la instauración de una dictadura significaría a corto plazo una catástrofe sólo comparable a la catástrofe que supuso para los judíos de Europa el ascenso de Hitler al poder.

La interminable serie de calvarios por los que han pasado las masas judías en Europa ha acentuado sin duda el desarrollo de una conciencia nacional, tanto entre los supervivientes como entre las masas judías de América y Palestina, que se sienten más estrechamente ligadas al destino de sus hermanos de Europa. Esta conciencia nacional se expresa del modo siguiente:

a. las masas judías en general desean actualmente afirmar su propia nacionalidad frente a otros pueblos. Un nacionalismo judío violento responde a la violencia de la persecución y el antisemitismo.

b. Las masas judías de Europa tienen su vista puesta en la emigración. En el cierre hermético de todas las fronteras, como consecuencia de las condiciones generales del mundo de posguerra y en concordancia con

---

3 Esta palabra ha adquirido desde entonces un sentido claramente peyorativo que no tenía en 1947. Sea como fuere, el significado que a menudo reivindican hoy los negros depende en gran medida del contexto en que se utiliza [N. del E.].

la ola de nacionalismo que las arrastra, este deseo de abandonar el continente, que para ellos no es más que un vasto cementerio, se expresa ante todo en un deseo sionista de ir a Palestina.

c. En el seno del movimiento sionista, la lucha por el "Estado judío", antaño dirigida exclusivamente por la extrema derecha ("los revisionistas") es actualmente asumida por todos los partidos ("Programa de Biltmore") salvo el partido centrista Haschomer Hazair.

El renacimiento de la conciencia nacional de las masas es el resultado de la descomposición del capitalismo, que pone en cuestión todos los problemas resueltos durante su periodo de auge. Apoyándose firmemente en su programa y en un análisis científico de la situación en Palestina, pero considerando al mismo tiempo el estado real de conciencia de las masas judías, la IV Internacional debe reconocer como legítima su voluntad de llevar una existencia nacional propia. Debe demostrar concretamente que la conquista de esta nacionalidad es impracticable en la sociedad capitalista en dacadencia, y más particularmente impracticable y reaccionaria en Palestina. Debe demostrar que, para los judíos, como para todos los demás pueblos de la tierra, la defensa o la conquista definitiva de su propia nacionalidad no puede lograrse mediante la construcción de Estados y economías "cerradas", sino que la economía planificada socialista mundial es el único marco realista en el que el libre y normal desarrollo de los pueblos es posible. La IV Internacional debe concienciar a las masas judías de las terribles catástrofes que les esperan si la putrefacción del capitalismo sigue su curso. Sólo la integración del movimiento de emancipación judío en el movimiento obrero mundial permitirá una solución armoniosa del problema judío. La planificación socialista, "alterando la topografía del globo" (Trotsky), garantizará a todos aquellos que lo deseen una existencia nacional particular en el marco de los Estados Unidos del Mundo.

Pero la IV Internacional nunca ganará una influencia decisiva sobre las masas judías predicando únicamente la necesidad de la revolución socialista para su emancipación. Sólo mediante un vasto movimiento mundial de solidaridad del proletariado hacia las víctimas de las persecuciones imperialistas y fascistas; sólo demostrando a los judíos en la práctica que las soluciones propuestas por el movimiento revolucionario son más favorables y más realistas que la "solución" sionista, es como la IV Internacional logrará en el próximo momento decisivo incorporar a las masas judías a la lucha antiimperialista mundial. Marchar actualmente contra la corriente sionista; oponerle otra salida inmediata y concreta son los dos elementos indispensables para preparar la próxima etapa; cuando las masas judías hayan tenido su decepcionante experiencia con el sionismo, cuando hayan comprendido la inutilidad de sus esfuerzos y sacrificios, se volverán hacia nosotros a condición de que sepamos acudir a ellas con nuestras soluciones tanto como con una crítica implacable del sionismo.

a. Todas las secciones de la IV Internacional deben plantear la consigna: "¡Abrid las puertas de todos los países a los refugiados judíos!" "Abolición de todas las restricciones a la inmigración". Esta consigna debe ser defendida en particular por el SWP de Estados Unidos, por una parte, y por nuestras secciones inglesas, canadienses, francesas y todas nuestras secciones latinoamericanas, por otra. Estas últimas, así como nuestra sección australiana, y especialmente las secciones de Argentina y Brasil, deben añadir a estas consignas las siguientes: "Abolición de todas las cláusulas de discriminación racial y religiosa en la legislación sobre inmigración". Toda oportunidad concreta (quejas sobre la escasez de mano de obra y la disminución de la población; apertura parcial del país a determinadas categorías de inmigrantes; actos conmemorativos en favor de las víctimas del fascismo, etc.) debe aprovecharse para alertar a la opinión pública obrera del país para exigir que se tomen medidas concretas para lograr resultados inmediatos. Resoluciones como la de la CIO deben utilizarse como punto de partida para exigir acciones por parte de la FSM, para organizar movimientos concertados en los sectores de la vida económica y social más aptos para expresar su solidaridad a través de la acción (marineros, empleados gubernamentales, funcionarios, etc.), mediante huelgas de brazos caídos, sabotajes organizados, medidas de discriminación, protestas, reuniones y manifestaciones coordinadas, etc. *Sólo en la medida en que nuestras secciones puedan demostrar a los judíos que luchan real y efectivamente por la apertura de sus propios países a la inmigración podrán convencerles de que prefieran la emigración a dichos países que la emigración a Palestina,* más difícil de obtener y al mismo tiempo contraria a los intereses vitales de las masas antiimperialistas de Oriente Medio.

b. Todas las secciones de la IV Internacional deben tomarse en serio la tarea de combatir los indicios de ideología antisemita que persisten o se desarrollen cada vez más en amplios sectores de la población en todos los países. Esta labor de desintoxicación es tanto más urgente cuanto que el movimiento obrero "oficial", ya sea por conformismo, cobardía o estrechos cálculos partidistas (el antitrotskismo del PCF se expresa muy a menudo en argumentos antisemitas...) no hace nada para eliminar de la conciencia de las masas el veneno antijudío inoculado por la propaganda hitleriana. En cada ocasión concreta, nuestras secciones deben destruir las mentiras fascistas sobre el "capitalismo judío" o los "monopolistas judíos". Deben alertar sistemáticamente a la masa proletaria contra todo intento de reconstruir estas organizaciones antisemitas. Utilizando los trágicos ejemplos de los últimos años, deben impregnar la conciencia de las masas de esta verdad fundamental, su propio destino está en juego en la lucha contra el gangsterismo antisemita. Sólo en la medida en que nuestras secciones hagan que las masas acepten esta verdad y la traduzcan en acción, lograrán convencer a los judíos de que sólo la integración de su movimiento de emancipación en el movimiento obrero mundial les permitirá defenderse eficazmente contra las nuevas oleadas de antisemitismo.

c. Todas las secciones de la IV Internacional, que se enfrentan a un movimiento fascista organizado que hace pleno uso de la demagogia antisemita y que pasa a los actos terroristas contra los judíos, deben esforzarse por movilizar a la clase obrera en formaciones armadas (milicias...) para defender a los judíos. Ahí donde la población judía esté concentrada geográficamente en barrios judíos, deben proponer y fomentar la creación de milicias armadas de autodefensa esforzándose por fusionarlas con las milicias obreras. Deben explicar a las masas judías que tan sólo dicha fusión en la lucha armada puede garantizar una defensa eficaz; pero al mismo tiempo deben advertir a los obreros que sólo una defensa armada de los judíos evitará el posterior aplastamiento de todo el movimiento obrero por los mismos ejércitos fascistas.

El aspecto actual del problema palestino

El problema palestino ha recibido una nueva y particular importancia desde el final de la Segunda Guerra Mundial como consecuencia de una serie de "nuevos factores" que están cambiando profundamente su fisonomía.

a. **La industrialización de Oriente Próximo y Oriente Medio ha reforzado, en cierta medida, a las burguesías árabes** autóctonas de Egipto, Palestina misma, Siria, el Líbano y, en menor medida, en otros países árabes. Se ha acelerado la diferenciación social de la antigua sociedad árabe feudal o patriarcal. Un proletariado árabe mucho más potente numéricamente y políticamente ya consciente ha aparecido en la escena política en muchos países de Oriente Medio (huelgas en Egipto, Palestina, Siria, Irán e Irak). El nacionalismo árabe se diferencia del mismo modo. Junto al panislamismo feudal y reaccionario, está surgiendo ahora una corriente panárabe progresista que ve en la creación de una Unión de países árabes de Oriente Medio el único marco real para el desarrollo de las fuerzas productivas y para la constitución de una nación árabe. La burguesía sólo puede defender esta idea de un modo vacilante en el plano ideológico, en la medida en que desea ampliar el mercado para su industria, que, desde el final de la guerra, está sumida en una profunda crisis. La única fuerza capaz de llevar este programa de revolución nacional-democrática en el mundo árabe hasta el final, mediante el mecanismo de la revolución permanente, es el proletariado, a través de la lucha contra el feudalismo por la revolución agraria, por la emancipación del mundo árabe de la intervención imperialista y por la constitución de la unidad del mundo árabe.

b. La intensificación de los movimientos antiimperialistas en el marco de las revoluciones coloniales, las revueltas más importantes en el período inmediatamente posterior a la Segunda Guerra Mundial, el debilitamiento de las antiguas potencias imperialistas (Gran Bretaña, Francia e Italia) significó que la burguesía e incluso ciertos estratos feudales aprovecharon la oportunidad de obtener, por presión, y sin tener que lanzar verdaderas luchas de masas ante las que siempre retroceden, importantes concesiones de las potencias ocupantes, como la retirada de las tropas francesas de Siria y el Líbano, y los preparativos para la retirada de los británicos de Egipto. Estas diversas retiradas del imperialismo son un estímulo para la lucha antiimperialista en los demás países coloniales de Oriente Medio. Supusieron un golpe al prestigio del imperialismo y aumentan la confianza de las masas autóctonas en su propia fuerza.

c. La transformación de Palestina en una posición clave del sistema de defensa imperial en el Mediterráneo oriental. Tras la retirada de las tropas británicas de Egipto, Palestina será la base esencial de la flota, la fuerza aérea, el ejército y el servicio secreto británicos en el Mediterráneo oriental, la posición clave para la defensa del Canal de Suez y de la ruta imperial hacia las Indias. Las concentraciones de tropas británicas en Palestina utilizaron los disturbios terroristas como pretexto. En realidad, para que el imperialismo británico construyera una base duradera para futuros conflictos bélicos y la defensa del Imperio.

d. La transformación de Oriente Medio en uno de los temas principales de la rivalidad entre los "Tres Grandes". Antes de la guerra, Oriente Medio era el sector del mundo donde la influencia predominante del imperialismo británico estaba menos amenazada. Desde entonces, el empuje de Rommel hacia El Alamein, la instalación de "observadores" estadounidenses en el reino de Ibn Saud[4], el estallido de la disputa anglo-estadounidense por el petróleo iraní, la penetración de la Iglesia Ortodoxa en todo Oriente Medio como una importante agencia de la diplomacia del Kremlin… todos estos acontecimientos han puesto en cuestión el dominio británico exclusivo de esta parte del mundo y la han convertido en un escenario de conflicto constante entre las grandes potencias. Por otro lado, al constituir Oriente Medio la reserva de petróleo más prístina e importante de todo el mundo, ahora también se está convirtiendo en el principal campo de batalla en la lucha mundial por esta materia prima estratégica, cuyas reservas en EE.UU. y la URSS están muy golpeadas. Los diversos movimientos "tácticos" de la diplomacia estadounidense y soviética hacia el movimiento sionista deben verse esencialmente como parte de sus complots para suplantar la dominación británica en el mundo árabe.

e. **La demanda de emigración a Palestina** planteada por la masa de los refugiados judíos en Europa, y apoyada por un poderoso movimiento de protesta por parte del sionismo estadounidense y que culminó en las acciones "pacíficas" emprendidas por la Hagana en Palestina, así como en el terrorismo de las bandas Irgun Zvei Leumi y Stern.

El punto de partida de la posición de la IV Internacional sobre el problema palestino debe ser la comprensión de la necesidad de una lucha antiimperialista dirigida por

---

4 Se refiere a Arabia Saudí. [N. del E.]

los árabes, que se plantea el objetivo de la constitución de una Unión de Países Árabes de Oriente Medio. Son las masas árabes, los obreros y campesinos pobres, que constituyen la fuerza revolucionaria de Oriente Medio y también de Palestina, gracias a su número, a sus condiciones sociales y sus vidas materiales, lo que las pone en conflicto directo con el imperialismo. Es en base al dinamismo de la lucha de clases, llevada a cabo en defensa de sus intereses, en lo que debe apoyarse en primer lugar el partido revolucionario. Desarrollándose a medida que el proletariado árabe crece y se fortalece, la sección de Oriente Medio de la IV Internacional, construida sobre los núcleos existentes en Palestina y Egipto, debe dirigir las acciones de las masas en defensa de sus intereses cotidianos, elevar la conciencia obrera a la comprensión de la necesidad de una acción política y trabajar para soldar un bloque de todos los explotados de Oriente Medio en torno al proletariado revolucionario a través de la lucha por las cuatro reivindicaciones esenciales:

a. Salida inmediata de las tropas británicas. Independencia completa de Palestina.

b. Convocatoria inmediata de una Asamblea Constituyente única y soberana.

c. Expropiación de las tierras de los effendis y gestión de las tierras expropiadas por comités de campesinos pobres.

d. Expropiación de todas las empresas propiedad de capital extranjero y gestión por los trabajadores de las empresas nacionalizadas.

Es a través de la lucha por estos cuatro objetivos principales y centrales que el partido revolucionario educará a las masas en cuanto a la necesidad de oponerse cada vez más a la burguesía árabe, estrechamente ligada a los effendis. Cuando la lucha de las masas llegue a su clímax, cuando los comités obreros y campesinos cubran Oriente Medio y la cuestión de la toma del poder por el proletariado árabe se ponga a la orden del día, el partido revolucionario habrá educado suficientemente a las masas para conducirlas también a la expropiación de la burguesía "nacional".

¿Pueden alcanzarse acaso estos cuatro objetivos en la etapa actual con una lucha conjunta entre las masas árabes y las masas obreras judías?

Para responder a esta pregunta, no debemos partir de esquemas abstractos, sino de la realidad social e ideológica de la vida judía en Palestina. Con la excepción de unos pocos miles de trabajadores judíos empleados en los ferrocarriles, el IPC, la refinería y las instalaciones portuarias, todo el proletariado judío industrial y agrícola de Palestina está empleado en una industria judía cerrada, trabajando con constantes entradas de capital extranjero y garantizando a los trabajadores judíos un nivel de vida muy superior al de los trabajadores árabes. Además, la comunidad judía de Palestina vive en el temor constante de un levantamiento árabe y ante este peligro pone toda su esperanza en la inmigración y en el mantenimiento de la ocupación británica. Así pues, podemos señalar en particular:

a. Lejos de desear la salida inmediata de las fuerzas de ocupación británicas, las masas judías desean por el contrario mantenerlas en el país. Lo único que exigían los dirigentes sionistas, tanto burgueses como obreros, eran concesiones en materia de inmigración y la constitución de un Estado judío. Pero la inmensa mayoría de los judíos en Palestina (sobre todo la Hagana) sólo están dispuestos a "actuar" contra el imperialismo en la medida en que dicha "acción" no ponga en peligro la "seguridad" fundamental de la comunidad judía frente al mundo árabe. Por eso una lucha armada, o incluso una vasta acción de sabotaje por parte de las masas judías está, en la fase actual, prácticamente descartada. El objetivo de la acción sionista hoy es únicamente ejercer presión sobre el imperialismo británico con el fin de obtener concesiones, no presionar para su expulsión de Palestina.

El movimiento terrorista y el llamado "Comité Hebreo de Liberación Nacional" plantean el objetivo de expulsar al imperialismo británico de Palestina. Pero sólo pueden concebir dicha expulsión en forma de un armamento general de los judíos de Palestina, que mantendrían en jaque al mundo árabe hasta el momento en que la inmigración masiva de judíos les haría militarmente capaces de oponerse a la "amenaza árabe". Dejando a un lado el carácter perfectamente utópico de estas opiniones, son ultrarreaccionarias y sólo pueden ampliar la brecha entre los trabajadores judíos y árabes de Palestina.

b. Todos los judíos de Palestina se oponen a la convocatoria inmediata de una Asamblea Constituyente que ponga el poder en manos de la mayoría árabe de la población. Los terroristas afirman luchar por una Palestina libre, independiente y democrática. Pero, al ser los más acérrimos partidarios de un "Estado judío", también deben encontrar el modo de arrebatar la soberanía a la mayoría de la población del país. Dicen que sólo están dispuestos a organizar elecciones generales después de haber dado a los judíos en el exilio "una oportunidad dentro de un plazo determinado" de regresar a su país. En otras palabras, sólo están a favor de elecciones generales cuando los judíos constituyan la mayoría absoluta de la población. Los judíos no tienen ningún interés en la expropiación de los effendis, puesto que dicha expropiación supondría, en la práctica, la imposibilidad de comprar nuevas tierras y ampliar su "economía judía cerrada" en Palestina.

c. Se oponen de un modo todavía más encarnizado a la expropiación de tierras construidas con capital extranjero y al cierre del país a las importaciones de capital, ya que esto sería un golpe mortal para su economía judía.

La conclusión que hay que extraer de todo ello es que las masas judías de Palestina no constituyen, en su conjunto, una fuerza antiimperialista y que la constitución de un bloque antiimperialista judeo-árabe no puede ser una consigna de agitación inmediata.

Es a la luz de estas consideraciones como debe abordarse la cuestión de la inmigración judía a Palestina. Mientras las dos economías, la judía y la árabe, constituyan economías separadas en Palestina, la población trabajadora árabe considerará toda nueva afluencia de inmigrantes judíos como un acto abierto de hostilidad. En un momento en que toda la población de Palestina vive con la perspectiva del estallido de un conflicto sangriento en Oriente Medio, las masas árabes deben necesariamente considerar la llegada de nuevos inmigrantes como la llegada de soldados enemigos, lo que se confirma por el modo en que las masas judías ven dicha migración. Por ello debemos ser conscientes del hecho de que la continuación de la emigración judía a Palestina ensancha la brecha entre los trabajadores judíos y árabes, refuerza las posiciones y perpetúa la presencia del imperialismo británico y sólo puede preparar, en la próxima etapa, el exterminio completo de la minoría judía en un levantamiento árabe.

Si la IV Internacional debe hacer, pues, todo lo posible por desaconsejar a los refugiados judíos que emigren a Palestina, si, como parte de un movimiento mundial de solidaridad, debe intentar abrirles las puertas de otros países, y advertirles de que Palestina es una verdadera trampa para ellos, debe, en su propaganda concreta sobre la cuestión de la inmigración judía, partir de la soberanía de la población árabe. Sólo la población árabe tiene derecho a determinar si la inmigración a Palestina debe abrirse o cerrarse a los judíos. La cuestión de la inmigración debe ser decidida por la Asamblea Constituyente, elegida por todos los habitantes del país mayores de 18 años. Esta es la única posición democrática sobre esta cuestión, una posición que al mismo tiempo forma parte de la estrategia general de la revolución en Oriente Medio.

En consecuencia, la IV Internacional debe condenar y combatir la represión británica de la inmigración judía, denunciar todas las medidas policiales y oponerse a todas ellas concretamente cada vez con la exigencia de la retirada inmediata de las tropas británicas. No es difícil explicar a las masas árabes que dicha limitada represión imperialista contra los judíos es sólo la preparación para una represión mucho más violenta contra los futuros movimientos árabes. A las masas árabes les interesa aprovechar todo movimiento de indignación ante el terror policial británico para plantear la cuestión de la retirada de las tropas británicas. En este caso, resultaría que las propias "víctimas" de tal represión no aceptarían en absoluto una lucha consecuente contra sus "opresores".

De la misma manera, la IV Internacional debe oponerse a todas las "soluciones" que el imperialismo propone y que acabaría llevando a cabo con o sin la ayuda de sus agentes en la Agencia Judía. Estas soluciones, tales como la partición de Palestina, la inmigración limitada a 100.000 judíos o la entrega del mandato a la ONU tienen todas por objetivo perpetuar la presencia de tropas británicas en el país y seguir privando a la mayoría de la población del derecho a la autodeterminación.

En la etapa actual, la unión general entre judíos y árabes en Palestina es irrealizable; sólo es a una escala muy limitada, y en la medida en que una parte de los trabajadores judíos están empleados fuera de la "cerrada" economía judía, que se han producido huelgas judeo-árabes como las del año pasado. Pero esto no significa que dicha unión esté excluida para siempre. En la actualidad la población judía de Palestina ha dirigido todos sus esfuerzos hacia sus posiciones económicas y políticas autónomas. Pero ya la parte radical de la juventud nacionalista judía se ha dado cuenta de la inutilidad de estos esfuerzos de "conciliación" y "maniobras" por parte de la Agencia Judía para obtener del imperialismo o de las grandes potencias una inmigración ilimitada y la creación de un Estado judío. La oleada actual de terrorismo de las bandas Irgun Zwei Leumi y Stern son actos de desesperación por parte de dicha minoría, utilizada y posteriormente abandonada por los dirigentes burgueses del movimiento sionista, y derivada del callejón sin salida en el que se había extraviado todo el movimiento. Por supuesto, este terrorismo de la desesperación no es en sí mismo una solución al problema palestino. Todo lo contrario. Frente al terrorismo, los feudales y burgueses árabes consiguen crear una atmósfera de falsa "solidaridad" entre las masas y el imperialismo y acentúan la hostilidad entre los trabajadores árabes y judíos. Desde el punto de vista militar, estos actos no pueden sino acelerar el establecimiento de una fuerza policial extranjera británica en Palestina, objetivo de toda la política imperial de posguerra. Pero, como última etapa del sionismo, el terrorismo, aunque no produzca resultados concretos, puede llevar a los elementos más conscientes y activos de las masas judías a reconsiderar toda la cuestión del sionismo y la solución del problema judío. Es esta reconsideración la que la IV Internacional debe preparar en la etapa actual.

Una eventual unión entre judíos y árabes debe pasar primero por la abolición de toda ideología y práctica racista por parte de los judíos.

- **¡Abajo las empresas exclusivamente judías! ¡Por la contratación de trabajadores árabes en todas las industrias del país!**
- **¡Abajo los sindicatos judíos y árabes separados! ¡Por la constitución de sindicatos judíos y árabes!**
- **¡Abajo los boicots camuflados de productos árabes o judíos. ¡Abajo la "economía judía cerrada"! Por la integración mutua de las economías judías y árabes.**
- **¡Abajo la idea de un "Estado judío" impuesto a la mayoría de la población del país! Por la eliminación de las ideas sionistas del movimiento obrero! Por la integración de los trabajadores**

judíos en la revolución nacional-democrática de las masas árabes.

- ¡Por la ruptura de los sindicatos y organizaciones obreras judías con la Agencia Judía, y la publicación íntegra de todas las actas secretas de este organismo.

- Por la ruptura de los sindicatos y organizaciones obreras árabes con la Liga Árabe y el Alto Comité Árabe para Palestina, y publicación íntegra de todas las actas secretas de estos organismos.

Todas estas consignas, que actualmente sólo pueden defenderse como consignas de propaganda general, están destinadas a encontrar una feroz oposición por parte de los sionistas, no sólo por razones ideológicas, sino también y sobre todo porque la situación material privilegiada de los judíos frente a los árabes estaba en juego. Pero a medida que la bancarrota del sionismo se hace más evidente a ojos de las masas; a medida que la inmigración se ralentice y se acerque el peligro extremo de una explosión árabe; a medida que nuestra propaganda ayude a que las masas admitan que es una cuestión de vida o muerte para ellas encontrar un terreno común con las masas árabes, incluso al precio de un momentáneo abandono de ciertos privilegios… nuestras consignas pueden pasar de la fase de propaganda a la de agitación, y pueden fomentar una escisión entre el movimiento obrero y el sionismo. Esta es la *conditio sine qua non* para lograr la unidad de acción judeo-árabe contra el imperialismo, y ésta es la única manera de impedir que la revolución árabe en Oriente Medio pase por encima del cadáver del judaísmo palestino. Aquí, como entre las masas judías en el resto del mundo, una posición firme a contra corriente en la etapa actual es la única capaz de preparar una inversión de la corriente en la próxima etapa.

Ello implica también la necesidad de que las secciones de la IV Internacional lleven a cabo una labor de propaganda preparatoria en el seno de las organizaciones de la extrema izquierda sionista. Demostrando que la consigna de un "Estado binacional"[5] es una consigna nacionalista, antidemocrática, que va en contra del derecho de los pueblos a la autodeterminación y de las necesidades inmediatas de la lucha antiimperialista en Palestina, nuestros activistas deben al mismo tiempo poner en el orden del día en todo momento la cuestión de la realización concreta de la consigna de la unidad judeo-árabe. Deben poner a los dirigentes centristas frente a sus responsabilidades, poner en la orden del día la adopción del programa antirracista enumerado más arriba y acelerar de ese modo la evolución de la conciencia de la vanguardia obrera más allá del sionismo.

---

5 ¡Ya ven lo lejos que hemos llegado desde 1947! Hoy en día, la reivindicación de un Estado binacional es progresista porque se enfrenta al todopoderoso aparato estatal del sionismo armado y financiado por el imperialismo, para el que constituye una base militar avanzada en toda la región. En 1947, esta reivindicación no representaba nada más que un paso hacia el reconocimiento *de facto* y *de jure* de un nuevo aparato estatal, con lo que ponía en cuestión la legitimidad del pueblo palestino en su propio territorio... algo que la ONU formalizó en 1948 con el voto favorable de... la URSS. [N. del E.]

XI. BIBLIOGRAFÍA
DE JOSEPH DAHER

Abed, George T., *The Palestinian Economy: Studies in Development under Prolonged Occupation*, Ed. Routledge, Londres,1988.

Achcar, Gilbert, *La nouvelle Guerre froide. États-Unis, Russie et Chine, du Kosovo à l'Ukraine*, Ed. Le Croquant, París, 2024.

Achcar, G., *Le peuple Veut. Une exploration radicale du soulèvement arabe*, Ed. Sindbad-Actes Sud, París, 2013. [*El pueblo quiere, una exploración radical de la sublevación árabe*, Ed. Sylone, Barcelona, 2023]

Achcar, G., *Les Arabes et la Shoah: La guerre israélo-arabe des récits*, Ed. Sindbad, París, 2009. [*Los árabes y el Holocausto. La guerra de narrativas árabe-israelí*, Universidad Veracruzana, 2016]

Achcar, G, *L'Orient incandescent: le Moyen-Orient au miroir marxiste*, Éditions Page Deux, Lausana, 2003.

Achcar, G, *Le choc des barbaries, terrorismes et désordre mondial*, Éditions Complexe, París, 2002. [*El choque de barbaries. Terrorismo y desorden mundial*, Ed. Icaria, Barcelona, 2007]

Al-Rasheed, Marwa, *A History of Saudi Arabia*, Cambridge University Press, 2010. [*Historia de Arabia Saudí*, Ed. Akal, Madrid, 2003]

Ayoubi, Nazih, *Political Islam: Religion and Politics in the Arab World*, Ed. Routledge, Londres, 1991. [*Islam político. Teorías, tradición y política*, Bellaterra Edicions, 2017]

Baconi, Tareq, *Hamas Contained, The Rise and Pacification of Palestinian Resistance*, Stanford University Press, 2018.

Budeiri, Musa, *The Palestine Communist Party: 1919-1948*, Ed. Haymarket, Chicago, 2010.

Daher Joseph, *Hezbollá, un fondamentalisme religieux à l'épreuve du néolibéralisme*, Ed. Syllepse, París, 2019.

Daher J., *Syrie, Le Martyre d'une Révolution*, Ed. Syllepse, París, 2022.

Englert, Simon, *The Defeat of Hebrew Labour? Neoliberalism, Settler Colonialism, and the Workers' Movement in Israel*. Tesis doctoral, School of Oriental and African Studies, 2017.

Englert, Sai, *Settler Colonialism, Introduction*, Pluto Press, Londres, 2022.

Farsakh, Leila, *Palestinian Labour Migration to Israel: Labour, Land, and Occupation*, Ed. Routledge, Londres, 2005.

Gunning Jeroen, *Hamas in Politics, Democracy, Religion, Violence*, Columbia University Press, Nueva York, 2008.

Haddad, Toufic, *Palestine Ltd: Neoliberalism and Nationalism in the Occupied Territory*, Bloomsbury Publishing, Londres, 2016.

Hanieh Adam, *Lineages of Revolt: Issues of Contemporary Capitalism in the Middle East*, Ed. Haymarket, Chicago, 2013.

Hanieh A., *Money, Markets, and Monarchies: The Gulf Cooperation Council and the Political Economy of the Contemporary Middle East*, Cambridge University Press, 2018.

Hever, Shir, *The Political Economy of Israel's Occupation, Repression Beyond Exploitation*, Pluto Press, Londres, 2010.

Hiltermann Joost, *Behind the Intifada: Labor and Women's Movements in the Occupied Territories*, Princeton University Press, 1991.

Honig-Parnass, Tikva, *The False Prophets of Peace: Liberal Zionism and the Struggle for Palestine*, Ed. Haymarket, Chicago, 2011.

Honig-Parnass, Tikva; 'The 2011 Uprising in Israel: The Inherent Limitation of a Middle-Class Protest in a Settler-Colonial State'. *Israeli Occupation Archive*, 2012, http://www.israelioccupation.org/2012-01-09/tikva-honig-parnass-the-2011-uprising-inisrael/#sthash.SOqZsrK2.dpuf

Hroub, Khaled, *Hamas*, Pluto Press, Londres, 2010.

Jad, Islah, « Les Femmes islamistes du Hamas : entre le Féminisme et le Nationalisme », *Revue des mondes musulmans et de la Méditerranée*, 2010, http://remmm.revues.org/6971

Karmi, Ghada, *Israël Palestine, la solution: un État*, Ed. La Fabrique, París, 2022.

Khalidi, Rashid, *Palestine Histoire d'un État introuvable*, Ed. Sindbad, París, 2007.

Khalidi, R., *The Hundred Years' War on Palestine, A History of Settler Colonial Conquest and Resistance*, Profile Books, Londres, 2022. [*Palestina: cien años de colonización y Resistencia*, Ed. Capitán Swing, Madrid, 2023].

Louër Laurence, *Chiisme et politique au Moyen Orient: Iran, Irak, Liban, monarchies du Golfe*, Ed. Autrement, París, 2008.

Louër L., *Sunnites et Chiites, Histoire Politique d'une Discorde*, Éditions du Seuil, París, 2017.

Machover, Moshe, "Israelis and Palestinians: Conflict and Resolution", *International Socialist*

Review, 65. 2009 https://isreview.org/issue/65/israelis-and-palestinians-conflictresolution

Mervin Sabrine, *Les mondes chiites et l'Iran*, Karthala/IFPO, París, 2007.

Mervin S., *Histoire de l'islam Doctrines et fondements*, Ed. Flammarion, París, 2016.

Milton-Edwards, Beverley, *Islamic Politics in Palestine*, I. B. Tauris, Londres,1996.

Pappe, Ilian, *Le nettoyage ethnique de la Palestine*, Ed. Fayard, París, 2008. [*La limpieza étnica de Palestina*, Ed. Crítica, Barcelona, 2008]

Pelham Nicholas, "Gaza's Tunnel Phenomenon: The Unintended Dynamics of Israel's Siege", *Journal of Palestine Studies*, Vol 41, no. 4-2012, http://palestinestudies.org/journals.aspx?id=11424&jid=1&href=fulltext

Rodinson Maxime, *Les Arabes, Presses universitaires de France*, París, 1979. [*Los Árabes*, Ed. Siglo XXI, Madrid, 1981]

Rodinson M., *L'Islam: Politique et Croyance*, Ed. Fayard, París, 1993.

Roy, Sarah, *The Gaza Strip: The Political Economy of Dedevelopment*, Institute Palestine for Studies, Beirut, 1995.

Roy, S., *Hamas and civil society in Gaza*, Princeton University Press, 2011.

Said Edward, *La Question de Palestine*, Ed. Sindbad/Actes Sud, París, 2010. [*La cuestión palestina*, Debolsillo-Penguin Random House Grupo Editorial, Barcelona, 2015]

Sayigh, Rosemary, *The Palestinians: From Peasants to Revolutionaries*, Zed books, Londres, 2007.

Seurat Leila, *Le Hamas et le Monde*, CNRS éditions, París, 2015.

Skare, Erik, *A History of Palestinian Islamic Jihad. Faith, Awareness, and Revolution in the Middle East*, Cambridge University Press, 2021.

Tugal, Cihan, *The Fall of the Turkish Model, How The Arab Uprising Brought Down Islamic Liberalism*, Ed. Verso, Londres, 2016.

Vescovi, Thomas, *Échec d'une utopie, une histoire des gauches en Israël*, Éditions La Découverte, París, 2021.

Páginas web con artículos sobre Palestina
- Institute for Palestine Studies
- Jadaliyya
- +972 magasine
- Contretemps
- Le Monde Diplomatique
- Les clés du Moyen-Orient